QUI ÊTES-VOUS ? (VRAIMENT !)

L'auteur souhaite remercier Chris Barsanti chez Fall River Press et Sharyn Rosart chez Quick Packaging de lui avoir donné l'occasion d'écrire ce livre, ainsi que Erin Canning pour son patient travail de relecture, et enfin Tanya Ross-Hughes pour la mise en page.

À Ted Mallison, pour qui
l'expression « éclair de génie »
pourrait avoir été inventée.

Publié pour la première fois aux États-Unis par Fall River Press
sous le titre *Personnality Workbook*
Maquette et illustrations : Tanya Ross-Hughes/Hotfoot Studio

Traduction : Véronique Merland

Les droits de cession de ce livre ont été négociés par l'intermédiaire de l'agence littéraire Sea of Stories
www.seaofstories.com
sidonie@seaofstories.com

Imprimé en Allemagne par GGP Media GmbH, Poessneck
ISBN : 978-2-501-07330-1
4069464 / 01
janvier 2012

Ben Tausig

QUI ÊTES-VOUS ? (VRAIMENT !)

40 tests pour tour savoir de votre vraie personnalité

MARABOUT

SOMMAIRE

Chapitre 3 : VOUS + VOTRE MODE DE VIE .. 69

Chapitre 4 : VOUS + VOTRE CARRIÈRE.... 99

Introduction

L'association ludique de tests et d'explications des mécanismes psychologiques simples va vous permettre d'en savoir plus sur la personne qui vous intéresse au plus près : vous-même !

Prenez quelques minutes de détente avec ce manuel et vous apprendrez à mieux vous connaître. Enfin, n'hésitez pas à vous tester en famille ou entre amis afin de mieux comprendre ceux qui vous entourent*.

COMMENT UTILISER CE LIVRE

Notez vos réponses directement dans ce livre, ou sur une feuille de papier. Sauf indication contraire, les questions à choix multiple appellent une seule réponse. Peut-être trouverez-vous plusieurs réponses vous correspondant, ou bien aucune, mais pour obtenir des résultats fiables, choisissez la réponse la plus proche possible : il n'y a pas de bonne ou de mauvaise réponse. Après avoir répondu à toutes les questions, additionnez vos réponses à l'aide de la **Clé**. Puis utilisez le **Total** de vos points pour connaître votre **Résultat** ! Chaque chapitre vous permet d'explorer une nouvelle dimension de votre vie :

VOUS : votre style, votre originalité et votre bien-être émotionnel seront décryptés dans ce chapitre.

VOUS + LES AUTRES : ce chapitre vous permettra de mieux connaître votre mode relationnel amical et amoureux.

VOUS + VOTRE MODE DE VIE : pour tester qui vous êtes dans votre vie sociale, à la maison, et mieux connaître votre tempérament : plutôt prudent ou aventurier ?

VOUS + VOTRE CARRIÈRE : ce chapitre vous permettra de savoir ce que votre vie professionnelle, vos habitudes de travail et vos relations avec vos collègues disent de vous.

*Ne perdez cependant pas de vue que ce livre est destiné à une utilisation de loisirs dans le cadre personnel uniquement. Les conseils dispensés ici ne peuvent en aucun cas remplacer ceux d'un professionnel avisé.

Chapitre **1**

VOUS

Avez-vous un mode de pensée original ?

1. Un ami vous demande de trouver un mot en « ic », comme « pic ». Vite ! Quel est le premier mot qui vous vient à l'esprit ? panic (3)

2. Vous êtes en train de faire la cuisine, et la recette indique qu'il vous faut du lait. Mais il n'y en a plus ! Que faites-vous ? j'envoie Céline en acheter (1)

3. Qu'est-ce que l'art ? abstrait

4. Un ami vous propose d'inventer une chanson à trois mots, dans laquelle tous les mots riment. Vite ! Arriverez-vous à trouver quelque chose qui ait du sens en moins de dix secondes ? ____________________

5. Citez une forme autre qu'un carré. rond (1)

6. Vous êtes coincé(e) dans les embouteillages. Vous **a)** allumez la radio **b)** klaxonnez **c)** pensez à autre chose (1)

7. Choisissez un chiffre entre 1 et 10. 4 (1)

8. Que faites-vous un jour de pluie ? Vous **a)** trouvez une activité d'intérieur **b)** trouvez quelque chose à faire sous la pluie **c)** attendez patiemment que cela passe. (a)

9. Citez autant de couleurs que possible commençant par la lettre « T » en dix secondes. ____________________

10. Le vert est la couleur à la mode cette saison. De quelle couleur sera la chemise que vous aurez envie d'acheter ? verte et jaune (3)

Trouvez autant d'éléments de réponse que possible correspondant aux cas de figure suivants :

11. Quels sont les accessoires qu'une personne peut porter? bijou, déco cheveux ; (3)

12. Quels objets peut-on trouver dans un bocal? clé ; bordel ; bonbons ; (3)

13. Que peut-on trouver dans un cadre accroché au mur? photo, affiche, (3)

14. Que peut-on trouver écrit au tableau noir d'une salle de classe ? la date ; des maths ; des orthographes ; (3)

15. Quelles sont les choses que l'on peut trouver dans un caddie de supermarché? eau ; lait ; viande ; yaourt . . .

(2)

CLÉ

1. 1 point pour les mots de trois lettres courants comme « bic », « hic » ou « tic », 2 points pour les mots de quatre lettres ou plus comme « chic » ou « clic », 3 points pour les mots moins courants comme « aspic », ou les mots inexistants comme « blic ».

2. 1 point si vous sortez en acheter, 2 points si vous décidez de préparer un autre plat, 3 points si vous le remplacez par un autre ingrédient.

3. 1 point pour les réponses du type « C'est ce qu'il y a dans les musées », 2 points pour les réponses du type « Une sculpture ou un tableau », 3 points pour les réponses du type « Un moyen d'expression utilisé par les humains ».

4. 3 points si vous trouvez un titre qui fonctionne!

5. 1 point pour un rond ou toute autre forme à trois ou quatre côtés, 2 points pour une forme à cinq côtés ou plus, 3 points pour une forme en trois dimensions comme une sphère ou un cube.

6. **a)** 2 **b)** 3 **c)** 1

7. 1 point si vous avez choisi 7, 2 points si vous avez choisi 1 ou 10, 3 points si vous avez choisi n'importe quel autre chiffre.

8. **a)** 2 **b)** 3 **c)** 1

9. 1 point si vous n'en trouvez aucune, 2 points si vous en trouvez une, 3 points si vous en trouvez deux ou plus.

10. 1 point si vous achetez une chemise verte, 2 points si vous en achetez une d'une couleur complètement différente, 3 points si vous en achetez une d'une couleur approchante comme turquoise.

11. 1 point pour un chapeau ou un sac, 2 points pour un bijou, 3 points pour les autres réponses.

12. 1 point pour un poisson, 2 points pour un poisson avec des cailloux et des figurines, 3 points pour toute autre réponse.

13. 1 point pour une photo, 2 points pour un tableau, 3 points pour toute autre réponse.

14. 1 point pour des mots, 2 points pour un problème de mathématiques, 3 points pour toute autre réponse.

15. 1 point pour les produits alimentaires, 2 points pour les autres types de produits, 3 points pour un enfant ou quelque chose de farfelu.

Total ____

RÉSULTATS

14-19 POINTS

Vous pensez comme STEPHEN HAWKING. Vous avez un esprit très rationnel et vous avez tendance à penser objectivement. Vous évaluez les situations attentivement, et tentez d'y répondre de la façon la plus appropriée possible. Vous vous appuyez fortement sur les expériences passées.

20-26 POINTS

Vous pensez comme MOZART. Vous avez l'esprit plutôt rationnel, et vous aimez l'ordre et l'harmonie. Vous préférez l'art lorsqu'il n'est pas abstrait et quand tout s'y accorde bien ensemble.

27-32 POINTS

Vous pensez comme EINSTEIN. Vous avez l'esprit créatif mais prudent, où se mêlent inventivité et logique. Vous êtes capable d'effort mental rapide et efficace, mais vous restez attaché(e) à des concepts qui vous semblent intelligibles.

33-39 POINTS

Vous pensez comme SHAKESPEARE. Vous êtes créatif(ve) : s'il n'existe pas de mot qui exprime ce que vous voulez dire, vous ne craignez pas d'en inventer un. Vous adorez les histoires passionnelles, et vous êtes attiré(e) par la poésie.

40-45 POINTS

Vous pensez comme CLAUDE PONTI. Vous êtes extrêmement spontané(e) et pouvez avoir de grands sursauts de créativité. Vous vous efforcez délibérément d'éviter les schémas établis, et préférez imaginer vos propres modes de pensée.

Quel jeu de réflexion vous correspond le mieux?

Les mots

1. Vous trouvez les définitions de mots **a)** totalement absconses **b)** insignifiantes **c)** fascinantes.

2. Face à un problème difficile, vous **a)** prenez tout le temps qu'il vous faut pour en venir à bout **b)** continuez jusqu'à ce que vous n'en puissiez plus, puis laissez tomber **c)** laissez tomber très rapidement.

3. Les règles de grammaire **a)** vous dépassent un peu **b)** sont une simple question d'élégance **c)** sont trop intellectuelles.

4. Vous lisez **a)** tous les jours, en général le journal **b)** tout ce qui vous passe entre les mains **c)** rarement, voire jamais.

5. Les gens qui lisent beaucoup **a)** sont intéressants et cultivés **b)** font vraiment intello! **c)** ont vraiment du temps à perdre.

Les chiffres

6. Les maths, pour vous c'est **a)** ennuyeux **c)** amusant, mais pas si facile **c)** le pied total!

7. Lorsque vous manipulez des chiffres, vous **a)** faites bien attention à ne pas vous tromper **b)** faites vos calculs le plus vite possible **c)** n'arrivez pas à faire le moindre effort intellectuel.

8. Les règles mathématiques sont **a)** trop compliquées **b)** simples et rationnelles **c)** intéressantes, même si vous avez du mal à les mémoriser.

9. Vous manipulez des chiffres **a)** environ une fois par jour **b)** aussi souvent que vous le pouvez **c)** rarement, voire jamais.

10. Les gens qui sont bons en maths **a)** sont des gens brillants et méthodiques **b)** sont captivants, mais ont un esprit très différent du vôtre **c)** sont bizarres.

Les images

11. Les photographies et les tableaux **a)** ce n'est pas votre tasse de thé **b)** il faut croire que c'est sympa **c)** cela peut être très beau, ou fascinant.

12. Lorsque vous regardez des images **a)** il vous arrive souvent de les observer longuement **b)** vous les regardez tant que vous en avez envie **c)** vous passez rapidement à autre chose.

13. L'art visuel, c'est **a)** soporifique **b)** inspirant **c)** distrayant.

14. Vous regardez des images **a)** une ou deux fois par jour **b)** aussi souvent que possible **c)** très rarement.

15. Les amateurs d'art visuel **a)** ont vraiment du temps à perdre **b)** sont ouverts d'esprit **c)** savent apprécier d'autres formes d'art que vous.

CLÉ

Les mots	Les chiffres	Les images
1. a) 1 **b)** 2 **c)** 3	**6. a)** 1 **b)** 2 **c)** 3	**11. a)** 1 **b)** 2 **c)** 3
2. a) 3 **b)** 2 **c)** 1	**7. a)** 3 **b)** 2 **c)** 1	**12. a)** 3 **b)** 2 **c)** 1
3. a) 2 **b)** 3 **c)** 1	**8. a)** 1 **b)** 3 **c)** 2	**13. a)** 1 **b)** 3 **c)** 2
4. a) 2 **b)** 3 **c)** 1	**9. a)** 2 **b)** 3 **c)** 1	**14. a)** 2 **b)** 3 **c)** 1
5. a) 3 **b)** 2 **c)** 1	**10. a)** 3 **b)** 2 **c)** 1	**15. a)** 1 **b)** 3 **c)** 2
Total ____	Total ____	Total ____

RÉSULTATS

- **Si vous avez marqué le plus de points dans la section « mots »,** alors vous êtes un esprit à MOTS CROISÉS. Vous avez une approche intellectuelle qualitative, et la capacité d'assimiler de grandes quantités d'informations abstraites, y compris du langage et du sens, de façon contrôlée. Vous êtes à l'aise avec le changement et vous vous adaptez bien aux nouvelles situations. Vous êtes joueur(euse).
- **Si vous avez marqué le plus de points dans la section « chiffres »**, alors vous avez un esprit à SUDOKU. Vous avez une approche intellectuelle quantitative, et vous êtes plus à l'aise avec les questions pour lesquelles existent des réponses claires et précises, et dans les situations qui laissent peu de place au hasard. Vous êtes capable de venir à bout de problèmes longs et complexes, tant que vous savez qu'il y a une solution qui existe. Vous êtes doué en logique.
- **Si vous avez marqué le plus de points dans la section « images »**, alors vous avez un esprit à MOTS MÊLÉS. Vous avez une mémoire visuelle et observez le monde autour de vous avec beaucoup d'attention. Vous préférez les objets que vous pouvez toucher, sentir et goûter plutôt que les concepts abstraits. Vous êtes très terre-à-terre, et vous savez identifier ce qui est important.
- **Si vous avez marqué des scores proches pour les sections « mots » et « chiffres »**, alors vous avez un esprit à JEUX DE LOGIQUE. Vous aimez résoudre des problèmes qui ont des réponses bien précises et qui font appel à la déduction plutôt qu'à la mémoire.
- **Si vous avez marqué des scores proches pour les sections « mots » et « images »**, alors vous avez un esprit à TRIVIA. Vous êtes un homme ou une femme ouvert(e) sur le monde : vous lisez beaucoup, sur des sujets très différents. Vous aimez que l'on vous interroge sur des sujets comme l'actualité internationale ou l'histoire.
- **Si vous avez marqué des scores proches dans les trois section**s, alors vous avez un esprit à JEU DES DIFFÉRENCES. Vous aimez vous concentrer attentivement sur une chose sans avoir à y penser de façon trop intellectuelle. Vous êtes doué pour comparer et trouver des différences subtiles.

Utilisez-vous la partie droite ou la partie gauche de votre cerveau?

1. Le meilleur moyen de résoudre une dispute, c'est **a)** de jeter l'éponge **b)** de clarifier les choses de façon rationnelle **c)** de donner aux deux parties le temps de s'expliquer chacun à son tour.

2. Le meilleur moyen de lutter contre la pollution dans une ville, c'est **a)** de taxer les sources majeures de pollution **b)** de sensibiliser les gens aux moyens de moins polluer **c)** de se tourner vers des industries plus vertes.

3. Les gens dans le monde s'entendraient mieux si **a)** ils prenaient plus le temps de bien se comprendre les uns les autres **b)** ils se préoccupaient moins de savoir comment vivent les autres **c)** ils vivaient plus comme vous.

4. Lorsque quelqu'une ressource nécessaire est disponible en quantités limitées, le mieux est de **a)** réfléchir à la façon de partager ce qu'on a **b)** la distribuer en quantité égale à chacun **c)** essayer de trouver un moyen d'en augmenter les quantités à la source.

5. Le but de l'éducation, c'est de **a)** donner aux enfants les outils nécessaires pour réussir sur le marché du travail **b)** stimuler l'apparition d'idées nouvelles dans de jeunes esprits **c)** assurer un environnement équilibrant aux gens dès le plus jeune âge.

6. Vous êtes à la banque et il y a une longue file d'attente. Il faudrait **a)** qu'ils embauchent plus de personnel **b)** qu'ils restent ouverts un peu plus tard **c)** qu'ils envoient promener les gens qui posent des questions idiotes.

7. D'après vous, une maison doit être organisée **a)** à mesure du temps, en fonction des habitudes **b)** à l'avance, en essayant de l'optimiser pour qu'elle soit la plus facile possible à ranger **c)** de façon à ce que chaque pièce soit un endroit chaleureux.

8. Les enfants doivent être élevés **a)** en fonction de leur personnalité à chacun **b)** selon une méthode prédéterminée **c)** avec autant d'amour que possible

9. Internet, c'est génial pour **a)** s'informer sur des sujets auxquels on ne connaît rien ou pas grand-chose **b)** rester en contact avec ses amis **c)** trouver des informations en temps réel

10. Quand vous faites les boutiques, vous **a)** vous attardez longuement, à comparer tous les choix possibles **b)** entrez et ressortez de la boutique deux minutes plus tard avec ce que vous étiez venu(e) chercher **c)** vous laissez distraire par tout plein d'autres choses que ce que vous étiez venu(e) acheter

11. Les plus beaux jardins, ce sont ceux qui sont **a)** plantés de fleurs en rangs bien ordonnés **b)** pleins de surprises **c)** luxuriants et captivants

12. Les meilleures chansons, ce sont celles qui **a)** sont simples et élégantes **b)** sont des compositions complexes **c)** vous transportent d'émotion

13. En matière de lecture, vous préférez **a)** des histoires réelles, pour mieux comprendre le monde **b)** tout ce qui est susceptible de captiver votre attention **c)** des œuvres de fiction capables de donner vie à des personnages

14. L'art visuel le plus réussi, c'est **a)** celui qui est le plus finement structuré **b)** quelque chose qui ne vous intéresse pas vraiment **c)** celui qui exprime le mieux une personnalité

15. En matière de cinéma, vous aimez les scénarios qui **a)** se déroulent lentement et subtilement, mais où tout finit par prendre sens **b)** sont basés sur la réalité, comme les documentaires **c)** peuvent être interprétés de différentes façons

CLÉ

1. **a)** 1 **b)** 3 **c)** 2

2. **a)** 3 **b)** 1 **c)** 2

3. **a)** 1 **b)** 2 **c)** 3

4. **a)** 1 **b)** 3 **c)** 2

5. **a)** 3 **b)** 2 **c)** 1

6. **a)** 3 **b)** 2 **c)** 1

7. **a)** 2 **b)** 3 **c)** 1

8. **a)** 1 **b)** 3 **c)** 2

9. **a)** 2 **b)** 1 **c)** 3

10. **a)** 2 **b)** 3 **c)** 1

11. **a)** 3 **b)** 1 **c)** 2

12. **a)** 2 **b)** 3 **c)** 1

13. **a)** 3 **b)** 2 **c)** 1

14. **a)** 3 **b)** 2 **c)** 1

15. **a)** 3 **b)** 2 **c)** 1

Total ____

RÉSULTATS

15-24 POINTS

Comme M. C. ESCHER, vous utilisez principalement la partie DROITE de votre cerveau : vous êtes un(e) passionné(e) ! Vous êtes très à l'aise face aux problèmes qui n'ont pas de solution unique et définitive. Vous pensez par exemple que des personnes différentes peuvent avoir chacune un avis différent mais tout aussi valable, et que le meilleur moyen de résoudre les désaccords est de se comprendre les uns les autres. Vous réagissez avec spontanéité, et de façon parfois inattendue ! Sans doute êtes-vous quelqu'un d'assez romantique.

25-34 POINTS

Comme MICHEL-ANGE, vous utilisez autant la partie DROITE que la partie GAUCHE de votre cerveau. Pour vous, la beauté est là fois dans l'ordre et dans l'inattendu. Vous comprenez que deux personnes puissent avoir des perceptions différentes d'une même réalité, mais vous avez le sentiment qu'il y en a presque toujours une bonne et une mauvaise. Vous préférez garder le contrôle sur ce qui vous entoure, mais pas au point que tout devienne prévisible et donc ennuyeux.

35-45 POINTS

Comme COPERNIC, vous utilisez principalement la partie GAUCHE de votre cerveau, vous avez des opinions tranchées et très forte volonté. Vous adorez les maths et la logique, et vous ne comprenez pas les gens qui vivent au gré de leurs émotions. Vous préférez que chaque chose soit à sa place. L'idéal pour vous, c'est de savoir où vous allez, et d'y arriver.

Quel est le genre musical qui vous fait vibrer?

1. Les mots que vous préférez dans une chanson sont **a)** les plus doux et les plus poétiques **b)** ceux que l'interprète chante avec une inflexion de voix si particulière **c)** ceux qui expriment quelque chose de mystérieux et sombre.

2. Un bon chanteur/une bonne chanteuse **a)** doit écrire TOUS ses textes lui/elle-même **b)** peut se faire écrire ses textes par quelqu'un d'autre : c'est la façon de les chanter qui compte **c)** écrit une partie de la musique, mais dépend aussi de ses musiciens.

3. Un bon chanteur/une bonne chanteuse **a)** utilise beaucoup d'effets à la cool en studio **b)** utilise des effets, mais avec subtilité **c)** n'utilise pas d'effets : quand on a du talent, on n'a pas besoin de ça.

4. Vos chanteurs/chanteuses préféré(e)s **a)** peuvent jouer d'un instrument ou pas, ça vous est égal **b)** doivent savoir jouer d'un instrument s'ils veulent être pris au sérieux **c)** ne devraient rien faire d'autre que chanter : pourquoi s'éparpiller?

5. Vous aimez quand les paroles sont chantées **a)** fort, avec de la colère dans la voix **b)** avec douceur et tendresse **c)** en exprimant une vraie personnalité.

6. La musique de vos chansons préférées est **a)** un mélange équilibré de tous les types d'instruments **b)** très rythmée, avec une prédominance de batterie et de percussions **c)** surtout mélodique.

7. Vous préférez les styles de musique qui **a)** ont des paroles très fortes **b)** vous donnent envie de bouger **c)** interpellent votre imagination.

8. Vos musiciens préférés **a)** doivent savoir jouer avec une technique parfaite **b)** n'ont pas besoin d'être les meilleurs, du moment qu'ils arrivent à vous toucher émotionnellement **c)** doivent sortir du lot pour que vous ayez envie de les écouter, mais n'ont pas besoin d'être des virtuoses.

9. Vous aimez écouter de la musique **a)** partout, peu importe le matériel **b)** sur les meilleures enceintes possibles. **c)** sur des enceintes avec des grosses basses.

10. Les solos instrumentaux **a)** vous vous en passeriez bien **b)** vous ne vivez que pour ça **c)** vous trouvez ça sympa, tant que c'est joli et pas trop long.

11. Quand vous allez à un concert, vous vous attendez à ce que **a)** ça puisse commencer à tout moment, sans prévenir **b)** tout se passe précisément comme annoncé dans le programme **c)** ça commence un peu en retard, mais pas trop.

12. Quand les gens commencent à danser **a)** vous êtes le premier/la première sur la piste **b)** pour rien au monde vous n'iriez à un concert où l'on danse **c)** si on vous y encourage, vous voulez bien danser sur une chanson ou deux.

13. En général, vous allez à des concerts qui se passent **a)** dans des grandes salles, où l'on peut emmener son pique-nique **b)** dans des petites salles intimes **c)** dans des salles où il n'y a pas de couvre-feu

14. En plus de la musique, ce que vous appréciez, c'est **a)** que l'interprète fasse quelques commentaires **b)** les jeux de lumières éblouissants **c)** la bière pas chère.

15. Vous attendez des gens qui vous accompagnent à un concert **a)** qu'ils réagissent au spectacle comme ils veulent **b)** qu'ils restent silencieux – tout au plus, qu'ils applaudissent poliment à la fin **c)** qu'ils bougent dans tous les sens et s'éclatent : l'intérêt des concerts, c'est autant la foule que la musique.

16. Vos musiciens préférés **a)** ont un ego surdimensionné et friment **b)** expriment tout par la musique **c)** sont des gens intéressants, mais pas vraiment des divas.

17. Vous écoutez de la musique jouée par **a)** des groupes complets où tous les musiciens ont autant de talent **b)** des musiciens qui sont des stars à eux seuls **c)** des groupes portés par une grande star prédominante.

18. Vous attendez de vos musiciens préférés qu'ils **a)** vous parlent après le spectacle, comme si vous pouviez être amis **b)** qu'ils vous impressionnent **c)** qu'ils prêtent attention à leurs fans, tout en gardant leurs distances.

19. Sur la pochette de votre album préféré, on voit **a)** un portrait plus grand que nature du leader du groupe **b)** le groupe au complet **c)** une tout autre image.

20. Si votre musicien préféré traversait une période de tristesse, vous souhaiteriez **a)** que ça se sente dans ses chansons **b)** que ça vous transperce le cœur à chacune de ses chansons **c)** ne pas le savoir : vous voulez juste que sa musique continue de vous rendre heureux(se).

CLÉ

1. **a)** 3 **b)** 2 **c)** 1

2. **a)** 1 **b)** 3 **c)** 2

3. **a)** 3 **b)** 2 **c)** 1

4. **a)** 2 **b)** 1 **c)** 3

5. **a)** 1 **b)** 3 **c)** 2

6. **a)** 2 **b)** 3 **c)** 1

7. **a)** 2 **b)** 1 **c)** 3

8. **a)** 1 **b)** 3 **c)** 2

9. **a)** 1 **b)** 3 **c)** 2

10. **a)** 3 **b)** 1 **c)** 2

11. **a)** 3 **b)** 1 **c)** 2

12. **a)** 3 **b)** 1 **c)** 2

13. **a)** 1 **b)** 2 **c)** 3

14. **a)** 1 **b)** 3 **c)** 2

15. **a)** 2 **b)** 1 **c)** 3

16. **a)** 1 **b)** 3 **c)** 2

17. **a)** 3 **b)** 2 **c)** 1

18. **a)** 3 **b)** 1 **c)** 2

19. **a)** 1 **b)** 2 **c)** 3

20. **a)** 2 **b)** 1 **c)** 3

Total ____

RÉSULTATS

20-27 POINTS

La musique qui vous convient le mieux est le CLASSIQUE et l'OPÉRA. Vous appréciez les choses raffinées et sophistiquées. Les règles de l'art comptent autant pour vous que la performance. L'expérimentation doit rester dans les salles de répétition. Vous écoutez de la musique pour entendre des choses que vous ne pourriez jamais faire vous-même.

28-35 POINTS

La musique qui vous convient le mieux est le ROCK et le HEAVY METAL. Vos goûts musicaux reflètent une personnalité forte où se mêlent l'individualisme et le besoin de contrôler. Vous croyez au pouvoir d'une personne à faire de grandes choses tant sur le plan artistique que dans la vie, et vous attendez des gens qui ont du talent qu'ils soient ouvertement ambitieux.

36-44 POINTS

La musique qui vous convient le mieux est la POP et la VARIÉTÉ. Pour vous, la musique, c'est celle qu'on met dans les soirées : rythmée, dansante, qui donne envie de faire la fête. Cela vous est un peu égal de savoir comment la musique est faite, du moment qu'elle vous met de bonne humeur.

45-52 POINTS

La musique qui vous convient le mieux est la SOUL et le HIP-HOP. Pour vous les musiciens sont des gens à part, qui méritent leurs moments de gloire sur scène. Mais le plus important, c'est la musique. Après avoir signé quelques autographes, le moment est venu de passer aux choses importantes. Vous ne vous intéressez aux musiciens (et aux gens en général) que si vous les sentez vraiment impliqués dans ce qu'ils font. Vous appréciez l'authenticité, et vous ne vous y laissez pas prendre quand quelqu'un ne fait que jouer un rôle.

53-60 POINTS

La musique qui vous convient le mieux est l'ÉLECTRO, le JAZZ, et la MUSIQUE INDÉPENDANTE. La musique est une chose bien mystérieuse, et ce n'est pas vous qui allez essayer de l'expliquer avec des mots. Vous en écoutez parce que vous voulez ressentir des choses que vous ne ressentiriez jamais sinon. Quel intérêt de connaître la vie personnelle d'un musicien ? S'il ne vous fait pas pleurer ou danser, c'est qu'il ne remplit pas son rôle. Vous êtes attiré(e) par les artistes dont la personnalité s'exprime presque entièrement par la musique. Pour vous, le meilleur dans un concert (ou tout autre événement, à vrai dire), c'est de vibrer avec la foule.

Quel mode de transport vous correspond ?

1. Pour vous, les autres sont **a)** la chose la plus fascinante au monde **b)** en travers de votre chemin la plupart du temps **c)** d'agréable compagnie, mais à petite dose.

2. Lorsque vous travaillez, vous **a)** êtes très efficace **b)** faites ce qu'il y a à faire, et puis voilà **c)** vous retrouvez souvent à faire tout autre chose que ce que vous aviez entrepris.

3. Pour combattre l'ennui, vous préférez **a)** rêvasser **b)** vous mettre en phase avec le monde autour de vous **c)** penser à des choses exaltantes.

4. En général, vous préférez garder le contrôle en **a)** ne vous laissant pas marcher sur les pieds **b)** prévoyant toujours à l'avance la suite de votre programme **c)** préservant votre jardin secret.

5. Vous êtes **a)** romantique **b)** pragmatique **c)** un peu les deux.

6. Vous préférez passer du temps entre amis **a)** en ville **b)** en partant à l'aventure pendant des vacances **c)** chez les uns ou les autres.

7. En général, quand vous avez du temps libre **a)** vous lisez ou vous faites un jeu **b)** vous vous informez sur ce qui se passe dans le monde **c)** vous expérimentez une nouvelle activité.

8. Pour vous, l'environnement, c'est **a)** quelque chose qui doit être protégé **b)** pas vraiment votre préoccupation du moment **c)** une chose avec laquelle les gens devraient mieux rester en contact.

9. Les richesses matérielles sont **a)** un poids **b)** synonymes de plaisir ! **c)** souvent nécessaires, mais pas la chose la plus importante dans la vie

10. Ce qui est le plus palpitant à regarder, c'est **a)** ce qui se déroule selon un scénario bien ficelé **b)** les relations humaines **c)** les images qu'offre la nature.

11 Laquelle des images suivantes vous est la plus immédiatement agréable à l'œil?

a) 

b) 

c) 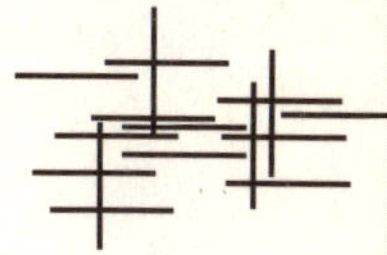

CLÉ

1. **a)** 1 **b)** 3 **c)** 2

2. **a)** 3 **b)** 1 **c)** 2

3. **a)** 3 **b)** 1 **c)** 2

4. **a)** 2 **b)** 1 **c)** 3

5. **a)** 2 **b)** 3 **c)** 1

6. **a)** 1 **b)** 2 **c)** 3

7. **a)** 1 **b)** 3 **c)** 2

8. **a)** 1 **b)** 3 **c)** 2

9. **a)** 2 **b)** 3 **c)** 1

10. **a)** 3 **b)** 1 **c)** 2

11. **a)** 6 **b)** 9 **c)** 3

Total ____

RÉSULTATS

13-17 POINTS

Votre mode de transport idéal est la MARCHE ou le VÉLO. Pourquoi se dépêcher alors qu'on peut profiter du paysage? Le vélo n'est peut-être pas le moyen le plus rapide de se déplacer, mais il n'y a rien de tel que de sentir le vent dans ses cheveux. Et en plus, c'est bon pour les jambes.

18-23 POINTS

Votre mode de transport idéal est les TRANSPORTS EN COMMUN, comme le bus ou le métro. Vous êtes plutôt citadin(e), et vous préférez être entouré(e) de la foule des gens plutôt que de rester dans un petit espace privé et restreint. Vos habitudes et vos centres d'intérêt font de vous un(e) bon(ne) candidat(e) pour les moyens de transport efficaces, pas chers, et qui polluent le moins possible.

Les transports en commun ont l'avantage de passer régulièrement, et donc de vous permettre d'organiser facilement vos déplacements, mais en même temps, vous n'avez pas à conduire le véhicule vous-même, ce qui vous laisse libre de vous occuper comme bon vous semble pendant les trajets.

24-29 POINTS

Votre mode de transport idéal est le TRAIN ou le BATEAU. Pour vous, ce qui compte, ce n'est pas tant la destination que le trajet lui-même. Vous avez une conception romanesque du voyage, qui est synonyme de découvertes, de dépaysement et de rencontres. Qui sait où vous mènera votre excursion ? Vous ne vous souciez aucunement de la rapidité, et vous aimez que tout reste toujours possible.

30-34 POINTS

Votre mode de transport idéal est l'AVION. Vous aimez leur rapidité, et vous n'avez aucun mal à vous distraire pendant les temps d'attente. Vous préférez ne pas avoir à conduire de véhicule vous-même, afin de pouvoir lire ou vous occuper comme vous le souhaitez. Vous accumulez les Miles à la vitesse grand V !

35-39 POINTS

Votre mode de transport idéal est la VOITURE. Pour vous, se déplacer sert à aller d'un point A à un point B. Tout ce qui peut vous permettre de vous simplifier la tâche est bon à prendre. Vous préférez avoir la liberté d'arriver à destination sans vous laisser enquiquiner par tous ceux qui pourraient se mettre en travers de votre chemin. Vous préférez avoir votre intimité et votre espace personnel. Vous évitez autant que possible de mélanger le travail et les loisirs.

Votre prénom reflète-t-il votre personnalité ?

1. Vous êtes-vous déjà fait appeler par un autre prénom que le vôtre, ou par un surnom ou un diminutif ? **a)** oui **b)** non.

2. Vos amis vous appellent **a)** par votre prénom **b)** par un surnom, des initiales ou une variante de votre prénom **c)** par votre nom de famille.

3. Vous signez vos e-mails personnels **a)** avec votre prénom entier **b)** avec une lettre ou vos initiales **c)** d'une autre manière.

4. Lorsque vous rencontrez d'autres gens qui portent le même prénom que vous **a)** ça vous amuse **b)** vous le ressentez comme une imposture **c)** vous ne le croyez pas : votre prénom est unique.

5. Vous trouvez votre prénom **a)** facile à dire et facile à comprendre pour les autres gens **b)** un peu difficile à faire comprendre au téléphone **c)** si difficile à faire comprendre aux gens que vous utilisez souvent d'autres noms, par exemple pour réserver dans un restaurant.

6. Votre prénom contient **a)** une syllabe **b)** deux syllabes **c)** trois syllabes ou plus.

7. Votre prénom est **a)** le même que celui d'un de vos parents **b)** très semblable à celui d'un proche ou d'un ami de vos parents **c)** un peu sorti de nulle part.

8. Votre prénom commence par **a)** une consonne douce, comme le F de Frédéric ou le N de Nicolas **b)** une consonne dure, comme le C de Catherine ou le D de Daniel **c)** une voyelle.

9. Votre prénom se termine par **a)** une consonne douce, comme le L de Gaëlle ou le M de Myriam **b)** une consonne dure, comme le T de Brigitte ou le C de Éric **c)** une voyelle.

10. Votre prénom contient **a)** principalement des consonnes **b)** principalement des voyelles **c)** environ moitié-moitié.

11. Votre prénom **a)** est chargé de beaucoup de signification dans votre famille **b)** a une signification religieuse ou culturelle **c)** est juste un prénom.

12. Votre prénom **a)** est également un nom commun (comme Pierre ou Rose) **b)** est apparenté à un nom commun (comme Océane) **c)** est juste un prénom.

13. Votre prénom a **a)** une signification importante dans une autre langue **b)** aucune signification à votre connaissance.

14. Votre prénom est **a)** très classique : vous connaissez beaucoup d'autres gens qui le portent **b)** moderne : vous avez déjà rencontré quelques autres personnes qui le portent, mais elles ont en général votre âge ou sont plus jeunes **c)** totalement unique.

15. Les gens **a)** vous demandent souvent ce que signifie votre prénom, ou d'où il vient **b)** ne vous le demandent pas souvent.

CLÉ

1. **a)** 2 **b)** 4	**6.** **a)** 1 **b)** 2 **c)** 3	**11.** **a)** 1 **b)** 2 **c)** 3
2. **a)** 2 **b)** 3 **c)** 1	**7.** **a)** 1 **b)** 2 **c)** 3	**12.** **a)** 1 **b)** 2 **c)** 3
3. **a)** 3 **b)** 2 **c)** 1	**8.** **a)** 2 **b)** 1 **c)** 3	**13.** **a)** 2 **b)** 1
4. **a)** 3 **b)** 1 **c)** 2	**9.** **a)** 2 **b)** 1 **c)** 3	**14.** **a)** 3 **b)** 2 **c)** 1
5. **a)** 3 **b)** 2 **c)** 1	**10.** **a)** 1 **b)** 3 **c)** 2	**15.** **a)** 2 **b)** 1

Total____

RÉSULTATS

Le score des cinq premières questions détermine dans quelle mesure vous êtes à l'aise avec votre prénom.

6–9 POINTS VOUS N'ÊTES PAS TRÈS À L'AISE AVEC VOTRE PRÉNOM.

10–12 POINTS VOUS ÊTES ASSEZ À L'AISE AVEC VOTRE PRÉNOM.

13–16 POINTS VOUS ÊTES TRÈS À L'AISE AVEC VOTRE PRÉNOM, ET MÊME PLUTÔT FIER(ÈRE) DE LE PORTER !

LE SCORE DES AUTRES QUESTIONS DÉTERMINE CE QUE VOTRE PRÉNOM ÉVOQUE AUX AUTRES.

10–13 POINTS

Votre nom est CLASSIQUE, indémodable. Facile à prononcer, facile à mémoriser, votre prénom plaît à toutes les générations. Il donne de vous l'image de quelqu'un d'avenant, de facile à vivre, mais aussi de sincère et d'honnête.

14–17 POINTS

Votre nom est TRADITIONNEL, chargé de signification personnelle ou familiale. Il est respecté pour sa simplicité. Votre prénom évoque la franchise, et inspire une certaine autorité et une certaine assurance.

18–20 POINTS

Votre prénom a UNE IDENTITÉ BIEN MARQUÉE : à la mode à l'époque où vous êtes né(e), mais assez original pour attiser la curiosité. Votre prénom laisse supposer que vous menez une vie bien équilibrée.

21–24 POINTS

Votre prénom est ATYPIQUE, même si vous connaissez d'autres gens qui le portent. Mais comme il reste assez rare, les gens que vous connaissez l'associent immédiatement à vous. Il vous permet de vous démarquer et d'attirer l'attention.

25–28 POINTS

Votre prénom est UNIQUE. Il donne aux gens qui l'entendent envie d'en savoir plus sur votre histoire. C'est un prénom qui évoque l'ingénuité, la liberté, et la capacité à sortir des sentiers battus. Vous avez des traits de personnalité rares que toute personne qui vous a rencontré(e) reconnaît au premier coup d'œil. Vous avez du talent pour raconter des histoires.

Que disent de vous vos goûts vestimentaires?

Cochez le motif que vous aimeriez le plus porter sur chacun des vêtements suivants:

1. Pull

a) rayures horizontales
b) rayures verticales
c) rayures diagonales

2. Pantalon

a) couleur unie
b) rayures tennis
c) rayures larges

3. Chaussettes

a) à losanges
b) unies
c) à pois

4. Veste

a) en treillis
b) à rayures
c) à motif léopard

5. T-shirt

a) uni
b) avec un paysage
c) à motif géométrique

6. Vous avez surtout des vêtements **a)** pour aller travailler **b)** pour sortir **c)** pour rester à la maison.

7. Possédez-vous une tenue que vous pourriez porter pour un entretien important? **a)** oui **b)** non.

8. Votre armoire est pleine **a)** de choses dont vous n'avez probablement pas besoin **b)** d'une quantité suffisante de vêtements pour ne jamais être à cours **c)** ce qui vous laisse tout un tas de possibilités d'associations à faire en fonction de votre inspiration!

9. Du point de vue du style, vous avez toujours envie de porter certains vêtements que vous aviez déjà il y a cinq ou même dix ans **a)** oui **b)** non.

10. Cochez la ou les possibilités qui s'appliquent à vous : vous possédez une quantité impressionnante de **a)** chaussures **b)** chapeaux **c)** chemises.

11. En matière de nouvelles tendances, vous **a)** suivez les choses de près **b)** n'y prêtez aucune attention **c)** vous intéressez à ce qui se fait, mais sans suivre trop à la lettre.

12. Vous faites du shopping pour vous changer les idées **a)** parfois **b)** rarement, voire jamais **c)** aussi souvent que vos moyens vous le permettent.

13. Dans un centre commercial **a)** vous êtes comme un poisson dans l'eau **b)** vous achetez ce que vous êtes venu(e) chercher, et puis c'est tout **c)** vous vous sentez oppressé(e).

14. Vous remplacez vos vieux vêtements **a)** quand ils commencent à montrer des signes d'usure **b)** quand ils sont complètement démodés **c)** dès que vous avez repéré la même chose en un peu mieux.

15. Vous faites en général votre shopping de vêtements **a)** avec des ami(e)s **b)** seul(e) **c)** l'un ou l'autre.

CLÉ

1. **a)** 2 **b)** 1 **c)** 3
2. **a)** 1 **b)** 2 **c)** 3
3. **a)** 2 **b)** 1 **c)** 3
4. **a)** 2 **b)** 1 **c)** 3
5. **a)** 1 **b)** 3 **c)** 2
6. **a)** 2 **b)** 3 **c)** 1
7. **a)** 3 **b)** 1
8. **a)** 2 **b)** 1 **c)** 3
9. **a)** 1 **b)** 3
10. 2 points par réponse
11. **a)** 3 **b)** 1 **c)** 2
12. **a)** 2 **b)** 1 **c)** 3
13. **a)** 3 **b)** 2 **c)** 1
14. **a)** 1 **b)** 2 **c)** 3
15. **a)** 3 **b)** 1 **c)** 2

Total ____

RÉSULTATS

14-20 POINTS

Votre style est IMPERSONNEL. Les vêtements vous intéressent peu. Vous faites les choses pour vous-même, ce qui veut dire que vous ne vous souciez pas trop du regard des autres. Non pas que vous manquiez de personnalité, mais vous ne ressentez pas le besoin de vous afficher comme quelqu'un d'« intéressant ».

21-27 POINTS

Votre style est FONCTIONNEL. Si possible, vous porteriez un uniforme : autrement dit, si vous pouviez vous habiller de la même manière tous les jours, ce serait l'idéal. Vous êtes une personne extrêmement discrète.

28-34 POINTS

Votre style est PREPPY ou CLASSIQUE. Vous portez une certaine attention aux vêtements. Vous ne vous définissez pas en fonction de vos biens matériels, mais il vous semble important, en tant que membre d'une société, de rester en accord avec ce qui se passe dans le monde, ce qui implique parfois d'acheter des choses.

35-41 POINTS

Votre style est très ACTUEL. Vous adorez les vêtements et vous sortiriez faire du shopping qu'il pleuve, qu'il vente ou qu'il neige ! Vous êtes plutôt quelqu'un d'extraverti, et vous prêtez beaucoup d'attention aux personnalités et aux relations. Vous voulez profiter de chaque instant, briller dans le regard des autres, et sans cesse vous dépasser.

42-48 POINTS

Votre style est BOHÈME. La mode est pour vous une façon d'exprimer qui vous êtes. Vous préférez acheter des pièces originales dans des trocs ou des friperies, ou bien fabriquer vous-même vos vêtements, car cela vous permet d'être différent(e). Vous aimez divertir les autres, et sortir des sentiers battus.

Quel type d'athlète professionnel seriez-vous ?

Choisissez l'image qui vous attire le plus :

1. **a)**  **b)**  **c)** 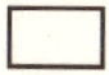

2. **a)**  **b)**  **c)** 

3. **a)**  **b)**  **c)** 

4. Pour vous, les règles du jeu **a)** plus il y en a, plus le jeu est intéressant **b)** il en faut juste assez pour structurer le jeu **c)** sont là pour être enfreintes !

5. Vous préférez jouer **a)** en ayant en tête un ou deux coups d'avance **b)** en ayant le plus de coups d'avance possible en tête **c)** en improvisant complètement.

6. Les figures d'autorité **a)** sont là pour faire appliquer les règles et doivent être aussi présentes que possible **b)** ne doivent être sollicitées que lorsque strictement nécessaire **c)** doivent être évitées à tout prix.

7. Vous avez tendance à apprécier les choses qui **a)** prennent tout leur sens d'emblée **b)** prennent des années et des années à vraiment se comprendre **c)** sont suffisamment complexes pour être intéressantes, mais restent accessibles assez rapidement.

8. Les gens travaillent le plus efficacement ensemble lorsque **a)** ils se font un peu aider par une personne qui les supervise **b)** ils sont sous l'autorité d'un chef unique qui organise leur travail **c)** ils ont une autonomie individuelle totale.

9. Vous vous montrez le plus efficace **a)** avec un coup de main si nécessaire **b)** en vous débrouillant tout(e) seul(e) **c)** au sein d'une équipe.

10. Les membres d'une équipe **a)** sont soudés, toujours là les uns pour les autres **b)** sont là les uns pour les autres aujourd'hui, mais pourraient très bien décider de se désolidariser un jour **c)** ne sont jamais complètement fiables.

11. Lorsque quelqu'un manque au sein d'une équipe **a)** vous faites de votre mieux pour compenser en prenant de nouvelles responsabilités **b)** ça ne fait rien, on peut lui trouver un(e) remplaçant(e) **c)** l'équilibre des rapports change, et ça peut tout mettre par terre.

12. Un partenaire d'équipe, c'est quelqu'un qui **a)** peut assurer à votre place lorsque vous êtes fatigué(e) **b)** est spécialisé dans une tâche totalement différente de la vôtre **c)** peut se trouver en concurrence avec vous sur le chemin de la réussite.

13. Vous préférez communiquer avec vos collègues en **a)** sachant exactement où vous allez à l'avance **b)** parlant beaucoup pendant le travail.

CLÉ

1. a) 3 **b)** 2 **c)** 1	**6. a)** 1 **b)** 2 **c)** 3	**11. a)** 1 **b)** 2 **c)** 3
2. a) 2 **b)** 1 **c)** 3	**7. a)** 1 **b)** 3 **c)** 2	**12. a)** 3 **b)** 2 **c)** 1
3. a) 1 **b)** 2 **c)** 3	**8. a)** 1 **b)** 2 **c)** 3	**13. a)** 2 **b)** 1
4. a) 3 **b)** 2 **c)** 1	**9. a)** 2 **b)** 3 **c)** 1	
5. a) 2 **b)** 3 **c)** 1	**10. a)** 1 **b)** 2 **c)** 3	Total ____

RÉSULTATS

13-17 POINTS

Votre mode de fonctionnement se rapproche de celui d'un joueur de BASKET, de FOOTBALL ou de HAND-BALL. Vous avez l'esprit d'équipe, et vous appréciez l'effet de synergie qui se crée lorsque plusieurs personnes joignent leurs efforts, et donnent ainsi le meilleur d'eux-mêmes. Vous aimez les jeux relativement simples dans leurs règles, mais plus complexes dans la pratique. Vous appréciez que quelqu'un veille à ce que les règles soient rigoureusement respectées, comme le fait l'arbitre dans chacun de ces trois sports.

18-22 POINTS

Votre mode de fonctionnement se rapproche de celui qu'un joueur de BASEBALL, de VOLLEY ou de FOOTBALL AMÉRICAIN. Vous aimez avoir des coéquipiers, mais vous préférez que chacun ait un rôle bien défini à jouer. Vous êtes plus efficace lorsque vous êtes mené(e) par une autorité forte, comme un supérieur hiérarchique ou un entraîneur, qui est là pour définir une stratégie à l'avance, et qu'il ne vous reste qu'à appliquer les instructions.

23-27 POINTS

Les sports dans lesquels vous seriez le plus à l'aise sont la NATATION, l'ATHLÉTISME, et le TENNIS. Vous voulez bien avoir un(e) partenaire à vos côtés, mais vous n'avez pas nécessairement envie de collaborer directement avec lui/elle. Une fois dans la compétition, vous voulez être seul(e) dans votre camp.

28-33 POINTS

Votre mode de fonctionnement se rapproche de celui d'un COUREUR AUTOMOBILE ou d'un(e) joueur/joueuse de GOLF. Vous aimez travailler dans le silence total, ou tout au moins dans un espace où votre intimité est préservée. Vous aimez vous mesurer aux autres sur différents parcours, qui changent d'un lieu à l'autre. Vous n'appréciez pas plus que ça d'avoir des coéquipiers : ce qui vous intéresse, c'est de dépasser vos propres limites et vos propres records.

34-38 POINTS

Vous êtes fait(e) pour les sports comme le MARATHON, la LUTTE ou le TRIATHLON. Vous être indépendant(e), et pour gagner, vous préférez ne compter que sur vous-même plutôt que sur une équipe. L'idée même d'avoir des coéquipiers aurait même tendance à ne vous inspirer que de la méfiance. Sans doute voyez-vous les figures d'autorité, telles que les arbitres, comme des obstacles, et vous seriez capable d'essayer de cacher votre jeu afin d'avancer à l'abri de leur regard. Par ailleurs, vous n'avez pas besoin d'un leader pour vous montrer la marche à suivre : c'est vous qui la définissez vous-même.

Quelle culture s'accorde le mieux avec votre personnalité ?

1. Votre famille, vous préférez **a)** la voir de temps en temps, mais pas trop souvent **b)** habiter dans le même immeuble ou le même quartier qu'elle **c)** habiter le plus loin possible d'elle.

2. Vous avez (ou voudriez avoir) **a)** plusieurs enfants **b)** autant d'enfants que vous pouvez en élever sans trop de difficulté financière **c)** un enfant ou pas d'enfant.

3. Votre famille comprend **a)** un petit nombre de parents directs **b)** un nombre plus importants de parents directs ou éloignés **c)** de très nombreux parents, plus quelques amis que vous considérez comme de la famille.

4. Pour les anniversaires et les fêtes, vous **a)** envoyez des vœux par e-mail **b)** êtes souvent trop occupé(e) pour y penser **c)** essayez d'organiser quelque chose, ou tout au moins d'être présent(e).

5. Les obligations familiales impliquent de **a)** se ficher la paix les uns les autres **b)** jouer un rôle actif dans la vie les uns des autres, et de se soutenir **c)** pourvoir aux besoins financiers de la famille.

6. Le petit déjeuner, pour vous, c'est **a)** une source d'énergie pour toute la journée **b)** le plus souvent, un comprimé de vitamine C et une barre de céréales **c)** un moment privilégié à partager avec les autres.

7. La nourriture devrait toujours être préparée **a)** en prenant son temps et avec amour **b)** avec les ustensiles les plus adéquats qui existent **c)** par les gens qui travaillent dans les restaurants.

8. Un réveillon, c'est l'occasion idéale **a)** d'inviter des gens pour mieux les connaître **b)** de réunir la tribu au grand complet **c)** d'essayer de nouveaux ustensiles de cuisine.

9. Le déjeuner, pour vous, c'est **a)** une pause prolongée bien appréciable, si possible suivie d'une sieste **b)** le moment où vous mangez assis(e) à votre bureau **c)** en général, un plat réchauffé au micro-ondes.

10. Les restaurants, c'est **a)** la garantie de manger bien mieux qu'en cuisinant chez soi **b)** sympa, du moment qu'on peut prendre des plats à emporter **c)** super, surtout si on peut occuper une table pendant deux heures pour parler.

11. Vous travaillez **a)** parce que vous n'imaginez pas ne pas travailler **b)** aussi peu que possible : ce n'est pas un aspect très important de votre vie **c)** pour contribuer au progrès à grande échelle.

12. Les grosses entreprises **a)** vous mettent un peu mal à l'aise **b)** sont le pilier de l'économie d'un pays **c)** permettent de faire d'importantes découvertes dans de nombreux domaines.

13. Les entreprises devraient **a)** faire tout leur possible pour que leurs employés se sentent bien **b)** payer les salaires, et puis c'est tout **c)** s'assurer que leurs employés se sentent impliqués dans leur travail.

14. L'argent **a)** est la source de tous les maux **b)** est la chose la plus importante au monde (ou presque) **c)** doit être investi dans les nouvelles technologies.

15. Au travail, les gens devraient s'habiller **a)** tirés à quatre épingles : il faut faire bonne impression **b)** comme tout le monde **c)** de la façon dont ils se sentent le plus à l'aise.

CLÉ

1. **a)** 2 **b)** 1 **c)** 3
2. **a)** 1 **b)** 2 **c)** 3
3. **a)** 3 **b)** 2 **c)** 1
4. **a)** 3 **b)** 2 **c)** 1
5. **a)** 3 **b)** 1 **c)** 2
6. **a)** 2 **b)** 3 **c)** 1
7. **a)** 1 **b)** 3 **c)** 2
8. **a)** 2 **b)** 1 **c)** 3
9. **a)** 1 **b)** 2 **c)** 3
10. **a)** 3 **b)** 2 **c)** 1
11. **a)** 2 **b)** 1 **c)** 3
12. **a)** 1 **b)** 2 **c)** 3
13. **a)** 1 **b)** 2 **c)** 3
14. **a)** 1 **b)** 2 **c)** 3
15. **a)** 3 **b)** 2 **c)** 1

Total ____

RÉSULTATS

15-25 POINTS

Votre penchant naturel est de vivre dans une CULTURE TRADITIONNELLE. Vous accordez plus d'importance aux rapports humains qu'à la réussite personnelle ou au progrès économique général. Vous aimez prendre votre temps et contempler le monde autour de vous. Vous appréciez les loisirs et l'amour, et vous vous méfiez des choses qui prennent du temps sur celui qui pourrait y être consacré. Vous préféreriez travailler directement pour le compte de vos amis ou de votre famille plutôt que pour celui d'une grande entreprise impersonnelle. Vous aimez les rituels qui traversent les époques, et vous êtes heureux(se) de participer aux événements festifs. Si vous le pouviez, vous aimeriez vivre plus simplement.

26-34 POINTS

C'est dans une CULTURE CARRIÉRISTE que vous seriez le plus dans votre élément. Votre famille compte pour vous, mais cela ne veut pas dire que vous voudriez passer vos journées entières avec elle. Votre métier passe avant tous les autres aspects de votre vie, ce qui n'est pas forcément une mauvaise chose : vous croyez en ce que vous faites, et cela vous permet de garder le cap. Parfois, vous avez même l'impression que la vie familiale vous détourne de ce sur quoi vous devriez travailler. C'est probablement dans une société à laquelle vous contribueriez principalement en tant que force de travail que vous seriez le plus heureux(se). Les repas et les rituels sont des choses que vous aimeriez réduire au strict minimum.

35-45 POINTS

C'est dans une CULTURE HIGH-TECH, ultramoderne, que votre potentiel s'exprimerait le mieux. Vous aimez les gens, la nourriture, et l'art, mais tout ça prend une dimension bien plus passionnante lorsqu'il y a un nouveau gadget à utiliser. Vous êtes sans cesse curieux de voir de ce que l'ingéniosité humaine est capable de créer, et les nouvelles technologies vous occupent l'esprit une grande partie du temps. Dans le travail, votre motivation est de contribuer à de nouvelles avancées palpitantes. Pour être aussi heureux(se) que possible, il vous faudrait vivre dans une société qui partagerait votre enthousiasme.

Quelle créature surnaturelle seriez-vous ?

1. Quand vous étiez au lycée, vous étiez **a)** un élève normal **b)** un fort en gym **c)** un premier de la classe un peu coincé

2. Le plus important, pour se faire des amis, c'est **a)** d'avoir du charme **b)** d'être flexible **c)** d'être sociable

3. Quand vous passez un dimanche de détente avec des amis, vous préférez **a)** rester en intérieur à prendre le café **b)** pratiquer un sport **c)** prévoir une activité qui occupe la journée

4. Se mettre sur son trente et un **a)** ça n'a aucun intérêt **b)** ça attire les regards **c)** c'est le meilleur moyen d'aller loin dans la vie

5. Vous **a)** avez quelques amis avec lesquels vous étiez proche, mais que vous avez perdus de vue **b)** êtes resté(e) proche de tous vos amis **c)** vous êtes brouillé(e) avec beaucoup d'amis

6. Ce qui ne vous tue pas **a)** vous rend plus fort **b)** peut laisser des cicatrices **c)** peut faire très mal pendant longtemps !

7. Lorsque vous avez une piqûre de moustique, vous **a)** la grattez en permanence **b)** la grattez un petit peu **c)** n'y prêtez presque aucune attention

8. Vous êtes allergique à **a)** rien **b)** beaucoup de choses **c)** une ou deux choses

9. Lorsqu'on vous dit quelque chose de blessant **a)** cela vous affecte quelques instants **b)** cela ne vous fait rien, en général **c)** cela vous affecte pendant longtemps

10. Les goûts très prononcés **a)** c'est délicieux **b)** sont trop forts pour vous **c)** sont appréciables, mais à petite dose

11. Lorsque vous changez de cercle de gens, vous avez l'impression que votre façon de parler change **a)** souvent **b)** rarement **c)** parfois

12. Vous vous mettez dans une colère monstre **a)** souvent **b)** parfois **c)** rarement

13. Vos émotions **a)** s'expriment parfois **b)** sont inexistantes **c)** se lisent toujours sur votre visage.

14. Dans des situations étranges, vous **a)** êtes mal à l'aise **b)** faites profil bas **c)** essayez de vous adapter.

15. Lorsque vous voulez faire une chose, et que la personne qui est avec vous veut en faire une autre **a)** en général, vous restez sur vos positions **b)** vous cédez pour lui faire plaisir **c)** vous essayez de trouver un compromis.

CLÉ

1. **a)** 2 **b)** 1 **c)** 3	**6.** **a)** 1 **b)** 2 **c)** 3	**11.** **a)** 3 **b)** 1 **c)** 2
2. **a)** 3 **b)** 2 **c)** 1	**7.** **a)** 3 **b)** 2 **c)** 1	**12.** **a)** 1 **b)** 2 **c)** 3
3. **a)** 2 **b)** 1 **c)** 3	**8.** **a)** 1 **b)** 3 **c)** 2	**13.** **a)** 2 **b)** 3 **c)** 1
4. **a)** 1 **b)** 2 **c)** 3	**9.** **a)** 2 **b)** 1 **c)** 3	**14.** **a)** 2 **b)** 1 **c)** 3
5. **a)** 2 **b)** 1 **c)** 3	**10.** **a)** 1 **b)** 3 **c)** 2	**15.** **a)** 1 **b)** 3 **c)** 2

Total ____

RÉSULTATS

15–25 POINTS

Vous êtes de ceux qui passeraient l'éternité à parcourir la terre sans but : un ZOMBIE. Vous êtes direct et souvent têtu. Lorsque vous avez un avis, vous le gardez. Vos méthodes sont simples et franches.

26–34 POINTS

Vous êtes de ceux qui terroriseraient les vivants sous les traits d'un LOUP-GAROU. Vous êtes quelqu'un de sincère, mais il y a des choses que vous ne voulez pas que les autres sachent. La nourriture ou les petites contrariétés) peuvent rapidement vous faire changer d'humeur.

35–45 POINTS

Vous êtes de ceux qui seraient condamnés à hanter le monde à jamais : un VAMPIRE. Vous trouvez que charité bien ordonnée commence par soi-même et vous utilisez l'esprit et le charme plutôt que la force. Vous êtes très sensible à certains objets, et aux paroles des autres.

Chapitre **2**

VOUS + LES AUTRES

Jugez-vous facilement ?

1. Pour vous, la mode, c'est **a)** un excellent moyen d'exprimer sa personnalité **b)** pas vraiment votre milieu **c)** totalement hautain.

2. Lorsqu'on porte un vêtement d'une marque prestigieuse, on devrait **a)** être fier(ère) de le porter **b)** ne pas laisser le logo visible **c)** le porter avec un minimum de subtilité.

3. Les jeunes d'aujourd'hui sont **a)** les mêmes que les jeunes de toutes les époques **b)** une source d'inquiétude **c)** une génération fascinante.

4. Les lunettes **a)** peuvent être un accessoire qui donne du style **b)** sont un signe d'intelligence **c)** en général, ce n'est pas vraiment élégant.

5. Les enfants très grands **a)** risquent d'avoir parfois du mal à s'intégrer **b)** ont visiblement une excellente alimentation **c)** seront très respectés de leurs pairs.

6. Lorsque vous souhaitez voir un ami, mais qu'il est occupé, vous **a)** essayez de le convaincre de sortir quand même **b)** laissez tomber immédiatement **c)** essayez un peu de le tenter, mais pas trop.

7. Si vous allez chez un ami et que sa maison est inhabituellement sale **a)** vous lui demandez si tout va bien **b)** vous vous demandez pourquoi **c)** vous trouvez cela inquiétant.

8. Vous vous considérez comme quelqu'un qui juge très facilement **a)** oui **b)** non.

9. Les gens qui ont des goûts musicaux différents des vôtres **a)** ont des choses très intéressantes à apporter à un débat **b)** en général, vous avez du mal à vous lier à eux **c)** ne sont différents que dans un domaine : ce n'est pas si grave.

10. Les gens qui s'habillent avec de belles choses **a)** gagnent probablement très bien leur vie **b)** sont un peu pédants **c)** aiment être élégants.

11. En faisant vos courses, vous remarquez un nouveau type de beurre avec un packaging très attirant, qui coûte un euro de moins que celui que vous prenez habituellement. Vous **a)** le mettez dans votre caddie : après tout, il n'est pas cher **b)** supposez que l'effort fait sur le packaging est là pour compenser une qualité médiocre **c)** le mettez dans votre caddie : après tout, c'est nouveau.

12 Pour choisir un partenaire d'équipe parmi un groupe de gens que vous ne connaissez pas, vous **a)** essayez de voir quel est le meilleur joueur pendant les échauffements **b)** choisissez d'après la carrure **c)** essayez de deviner celui qui a « l'esprit sportif ».

13. Lorsque vous vous retrouvez à parler de la pluie et du beau temps, vous **a)** essayez de faire dévier la conversation vers quelque chose de plus intéressant **b)** essayez d'écourter la conversation le plus vite possible **c)** vous ennuyez à mourir.

14. Quelqu'un vous demande un peu de monnaie dans la rue. Vous **a)** soupçonnez la personne de faire semblant d'être pauvre **b)** essayez de savoir de quelle somme exactement la personne a besoin avant de lui donner quoi que ce soit **c)** donnez quelque chose si vous en avez envie, même si ce n'est pas souvent.

15. Un nouveau candidat à la mairie de votre ville vient d'une autre ville. Vous vous demandez **a)** comment il a appris à connaître votre ville en si peu de temps **b)** s'il en connaît assez sur votre ville pour participer à sa vie politique **c)** qui il est, et quelles valeurs il représente.

CLÉ

1. **a)** 3 **b)** 1 **c)** 2
2. **a)** 3 **b)** 2 **c)** 1
3. **a)** 2 **b)** 3 **c)** 1
4. **a)** 2 **b)** 3 **c)** 1
5. **a)** 1 **b)** 3 **c)**
6. **a)** 3 **b)** 1 **c)** 2
7. **a)** 1 **b)** 2 **c)** 3
8. **a)** 3 **b)** 1
9. **a)** 1 **b)** 3 **c)** 2
10. **a)** 2 **b)** 3 **c)** 1
11. **a)** 1 **b)** 3 **c)** 2
12. **a)** 1 **b)** 2 **c)** 3
13. **a)** 1 **b)** 2 **c)** 3
14. **a)** 3 **b)** 2 **c)** 1
15. **a)** 2 **b)** 3 **c)** 1

Total ____

RÉSULTATS

15-20 POINTS

Vous êtes SANS À PRIORI. Vous ne jugez pas les choses d'après leur apparence, préférant attendre d'en savoir plus pour vous faire votre avis. Votre philosophie est de « vivre et laisser vivre ». L'inconvénient, c'est qu'il peut vous arriver de passer à côté de choses que quelqu'un de plus critique ne laisserait pas passer. Attention à ne pas laisser de vrais problèmes s'installer juste parce que vous ne voulez pas intervenir.

21-26 POINTS

Vous êtes OUVERT(E) D'ESPRIT. Vous vous efforcez de ne pas juger les autres, et de ne pas vous prononcer avant de connaître l'histoire du début à la fin. Les gens vous respectent pour vos qualités de médiateur(trice). Vous feriez un(e) excellent(e) diplomate ou homme/femme politique !

27-33 POINTS

Vous êtes OBJECTIF (IVE) dans votre manière de voir les autres. Vous savez reconnaître une vraie information d'un jugement imposé. Vous ne vous faites pas d'avis définitif sur les autres trop rapidement, mais vous restez attentif(ve) et savez revenir sur vos opinions.

34-39 POINTS

Vous êtes CRITIQUE. Non seulement vous êtes prompt(e) à former des jugements, mais vous tenez à les exprimer. Votre credo, c'est la franchise. Vous vous voyez comme quelqu'un d'impartial et vous avez souvent tendance à donner aux gens les conseils dont ils ont besoin, même si c'est parfois un peu déplacé.

40-45 POINTS

Vous JUGEZ TRÈS FACILEMENT. Vous êtes prompt(e) à juger les choses et les gens sur leur apparence. Vous avez quelques principes bien tranchés, que vous associez à quelques images bien définies. Cela peut vous faire passer pour quelqu'un d'obtus, cependant, vous avez probablement une grande capacité à percevoir les détails subtils par lesquels les gens s'expriment dans leur façon de s'habiller et de se comporter.

L'opinion des autres sur vous compte-t-elle ?

1. Devant le miroir le matin **a)** vous cherchez tout ce qui ne va pas **b)** vous regardez si vous avez des miettes entre les dents **c)** vous jetez un coup d'œil en passant, juste parce qu'il est là.

2. Devant le miroir le matin, vous passez **a)** moins de deux minutes **b)** moins de dix minutes **c)** dix minutes ou plus.

3. Vous utilisez régulièrement **a)** un miroir **b)** deux miroirs **c)** plus de deux miroirs.

4. Lorsque vous vous préparez pour sortir le soir, vous **a)** vous regardez sous tous les angles possibles **b)** vous regardez en coup de vent **c)** vous regardez sous un ou deux angles différents.

5. Un miroir, c'est **a)** un objet d'usage courant **b)** mauvais pour votre ego **c)** une nécessité absolue.

6. Vous essayez de vous attirer des compliments **a)** rarement, voire jamais **b)** de temps en temps **c)** souvent.

7. Lorsqu'on vous flatte, vous réagissez en **a)** remerciant poliment la personne qui vous a flatté(e) **b)** rougissant **c)** disant que le compliment n'est pas justifié.

8. Quand quelqu'un vous insulte, c'est généralement **a)** de façon directe **b)** de façon masquée : il faut lire entre les lignes **c)** rarement, voire jamais

9. Lorsque quelqu'un vous dit quelque chose de désobligeant, vous **a)** lui dites que vous êtes blessé(e) **b)** projetez de lui rendre la pareille **c)** lui ôtez votre estime.

10. Face à quelqu'un que vous ne reverrez probablement jamais de votre vie, vous **a)** vous comportez comme avec n'importe quelle autre personne **b)** essayez de n'avoir que le contact le plus bref possible **c)** essayez d'être aussi agréable que possible, juste comme ça.

11. (Cochez toutes les réponses appropriées.) Vous vous fiez énormément à vos amis **a)** pour cautionner votre apparence physique **b)** pour cautionner la façon dont vous vous habillez **c)** pour avoir leur avis sur votre vie amoureuse **d)** pour qu'ils vous mettent au courant des soirées et des événements qui s'organisent **e)** pour qu'ils vous disent lorsqu'ils trouvent que vous n'êtes pas raisonnable

CLÉ

1. **a)** 3 **b)** 1 **c)** 2

2. **a)** 1 **b)** 2 **c)** 3

3. **a)** 1 **b)** 2 **c)** 3

4. **a)** 3 **b)** 1 **c)** 2

5. **a)** 1 **b)** 2 **c)** 3

6. **a)** 1 **b)** 2 **c)** 3

7. **a)** 1 **b)** 2 **c)** 3

8. **a)** 1 **b)** 3 **c)** 2

9. **a)** 1 **b)** 3 **c)** 2

10. **a)** 2 **b)** 1 **c)** 3

11. Ajoutez le nombre de points suivants pour chaque réponse cochée :

a) 3 **b)** 3 **c)** 1 **d)** 0 **e)** 2

Total ____

RÉSULTATS

10-15 POINTS

Vous n'avez AUCUNE IDÉE de ce que les autres pensent de vous, peut-être d'ailleurs parce que vous ne voulez pas le savoir! Cela peut être positif ou négatif. D'un côté, vous avez assez confiance en vous pour vivre votre vie comme bon vous semble. Vous ne vous préoccupez pas de la façon dont les autres vous perçoivent, et vous comportez de façon naturelle et spontanée. Mais d'un autre côté, il se peut que vous passiez à côté d'avis ou de conseils bien utiles que les gens qui tiennent à vous pourraient avoir à vous donner, or ce type d'échange est parfois important pour entretenir de bonnes relations.

16–21 POINTS

Vous êtes INDIFFÉRENT(E) à la manière dont les autres vous voient. Vous êtes équilibré(e), plein(e) d'assurance, mais de temps à autre, vous vous remettez en question, en particulier au contact des gens auxquels vous tenez beaucoup. Cependant, de façon générale, vous êtes capable de vaquer à vos occupations habituelles sans trop vous préoccuper de l'image que vous donnez de vous-même.

22-27 POINTS

Vous êtes ATTENTIF(VE) à la façon dont les autres vous voient. Vous tenez compte des normes sociales et de la façon dont vous êtes perçu(e). Vous adaptez vos comportements et votre apparence de façon à faire la meilleure impression, mais pas au point que cela devienne pour vous un sujet d'inquiétude ou que cela vous fasse perdre des heures de temps. Dans le contexte d'un événement important, par exemple à un mariage, il se peut que vous passiez beaucoup de temps à penser à votre apparence, mais au quotidien, vous êtes plutôt décontracté(e). Vous vivez d'abord pour vous-même, mais vous avez conscience que votre entourage a parfois besoin que vous soyez flexible dans votre manière d'être.

28-33 POINTS

Vous êtes PRÉOCCUPÉ(E) de la perception que les autres ont de vous. Même si cela ne vous gâche pas complètement la vie, c'est plus fort que vous : vous imaginez que l'on vous regarde à chaque chose que vous faites, que ce soit en achetant des vêtements, en lisant un livre, ou en sortant avec des amis. Vous prenez les commérages très à cœur et craignez régulièrement d'en être l'objet. Vous vous surprenez parfois à être un peu paranoïaque. Mais le positif, c'est que cela donne de vous l'image de quelqu'un d'attentionné et de délicat, et que vous êtes un(e) bon(ne) ami(e).

34-39 POINTS

Vous êtes SOUCIEUX(SE) de la façon dont les autres vous voient. Vous façonnez votre personnalité, ainsi que votre garde-robe, de façon à satisfaire les autres et à faire la meilleure impression possible. Cela laisse penser que vous vous surveillez en permanence, ce qui est à la fois une bonne et une mauvaise chose. D'un côté, vous êtes très à l'écoute de ce que votre entourage attend de vous, et vous pouvez être un(e) ami(e) très dévoué(e). Mais d'un autre côté, vous vous causez bien du souci en n'affirmant pas assez fermement vos propres besoins. N'oubliez pas d'écouter votre instinct et de laisser s'épanouir votre personnalité.

Savez-vous décrypter les expressions et les attitudes?

Regardez les images suivantes. Après avoir passé trente secondes sur chacune, notez ce qu'elles vous semblent indiquer de l'état d'esprit de cette personne (ennui, curiosité, incrédulité, etc.) si vous étiez en face d'elle et que vous aviez une conversation. Notez autant d'interprétations que vous en trouvez.

1.

2.

3.

4.
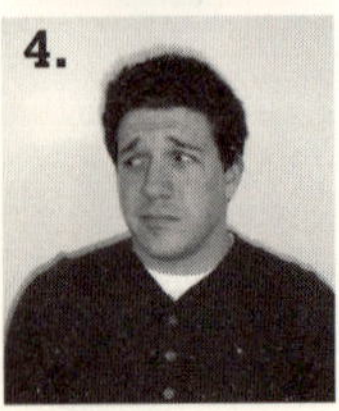

5.

1. ______________________

2. ______________________

3. ______________________

4. ______________________

5. ______________________

CLÉ

Pour trouver votre total, faites le compte du nombre de vos interprétations qui correspondent aux descriptions ci-dessous. Cela n'a pas d'importance si vous n'avez pas utilisé les mêmes mots, tant que vous avez noté quelque chose du même ordre d'idée.

1. Lorsqu'un interlocuteur porte sa main à l'oreille, cela peut vouloir dire qu'il ne croit pas ce que vous lui dites (**2 points**). Cela indique également qu'il a détourné son attention (**1 point**).

2. Se gratter l'arrière de la tête est en général une manifestation d'impatience (**2 points**). Cela peut également indiquer que l'interlocuteur n'écoute pas ce que vous lui dites (**1 point**).

3. Le fait de se toucher le menton indique que la personne porte de l'intérêt à ce que vous dites, et y réfléchit (**2 points**). Plus rarement, cela peut aussi vouloir dire que la personne s'ennuie ou fatigue, et qu'il s'appuie le menton sur la main pour éviter de piquer du nez (**1 point**).

4. Lorsqu'un interlocuteur lève les sourcils, cela veut dire qu'il est sceptique sur ce que vous lui dites, ou carrément qu'il n'est pas du tout d'accord avec vous (**2 points**). Dans de plus rares cas, cela peut indiquer qu'il est dans la confusion (**1 point**).

5. Les bras croisés indiquent le plus souvent l'hostilité, l'opposition, et la prise de distance (**2 points**). Dans de très rares cas, cela indique simplement que la personne a froid (**1 point**).

RÉSULTATS

0-5 POINTS

Vous êtes HERMÉTIQUE aux significations des expressions de visage ou des attitudes corporelles. Il est probable que c'est parce que vous êtes plus attentif(ve) aux mots qu'aux signaux non-linguistiques. Si vous vous retrouvez souvent dans des échanges verbaux déroutants avec d'autres gens, peut-être auriez-vous intérêt à prêter plus d'attention à ce qu'expriment leur visage, leurs bras, et leur posture.

6-11 POINTS

Vous êtes RÉCEPTIF(VE) aux significations des expressions de visage ou des attitudes corporelles. Vous comprenez la plupart des signaux manifestes, mais peut-être ne percevez-vous pas les plus subtils. Vous savez deviner plus sur l'état émotionnel des gens que ce qu'ils en expriment volontairement, cependant, vous avez plus de mal à anticiper la façon dont vos paroles vont être reçues.

12-15 POINTS

Vous êtes ATTENTIF(VE) aux significations des expressions de visage ou des attitudes corporelles. Vous êtes expert(e) pour remarquer les petits signaux que vos interlocuteurs envoient sans parfois en avoir conscience eux-mêmes. Dans le monde professionnel, vous arrivez à rassembler beaucoup d'informations bien précieuses sur les gens avec qui vous échangez, et vous avez également l'œil très avisé dans vos relations amoureuses.

Quel est votre QI émotionnel ?

1. Votre meilleur(e) ami(e) vous dit qu'il(elle) a eu une augmentation de salaire. Vous **a)** le(la) félicitez chaleureusement en lui donnant l'accolade ou une poignée de main amicale **b)** lui demandez de combien il(elle) a été augmenté(e) **c)** répondez en vous demandant si vous avez des chances d'être vous aussi augmenté(e) bientôt.

2. Un proche vous appelle pour vous dire qu'il vient de se fiancer. Vous **a)** demandez immédiatement quand aura lieu le mariage **b)** lui donnez quelques conseils avisés pour la préparation du mariage **c)** lui dites combien vous êtes heureux pour lui.

3. Un(e) ami(e)vous annonce qu'il(elle) vient d'être admis(e) à un concours ou à une école très prestigieuse. Vous venez d'échouer à un concours du même type. Vous **a)** lui dites que vous êtes heureux(se) pour lui(elle), puis l'informez de votre déconvenue **b)** lui dites que vous êtes heureux(se) pour lui(elle), sans l'informer de votre déconvenue **c)** lui parlez immédiatement de votre déconvenue.

4. Ce qui vous rend le plus heureux(se), c'est quand **a)** vous arrivez à vous surpasser **b)** vous passez du temps avec les gens que vous aimez **c)** vous rendez les autres heureux.

5. En général, les gens expriment leur bonheur en **a)** en parlant ouvertement **b)** étant bienveillant avec les gens qui les entourent **c)** faisant des choix judicieux et constructifs.

6. Un ami qui n'a jamais été de très bon conseil pour vous vous demande des conseils. Vous **a)** lui dites poliment que vous ne pensez pas pouvoir l'aider **b)** lui donnez des conseils, mais sans trop approfondir **c)** le conseillez du mieux que vous pouvez

7. Votre amoureux(se) veut aller passer des vacances dans un endroit qui ne vous tente pas du tout. Vous **a)** taisez le fait que vous n'avez pas envie d'y aller, et essayez d'avoir l'air enthousiaste pour lui faire plaisir **b)** l'avertissez clairement et directement que ce voyage n'est pas pour vous **c)** lui expliquez que vous êtes sceptique, mais que vous voulez bien essayer s'il/elle y tient.

8. Un ami qui cherche l'âme sœur vous demande si vous connaissez quelqu'un avec qui il pourrait sortir. Vous vous demandez d'abord **a)** quelles sont les personnes qui pourraient être disponibles **b)** quels traits de caractère votre ami pourrait rechercher chez une partenaire **c)** pourquoi votre ami vous a demandé cela à vous et pas à quelqu'un d'autre.

9. Votre meilleur(e) ami(e) parle beaucoup plus que vous. Vous **a)** trouvez que cela n'a aucune importance : chacun sa personnalité **b)** voudriez bien que parfois votre ami(e) vous laisse un peu plus la parole **c)** essayez d'égaliser les choses dès que vous sentez la disparité.

10. Vous avez **a)** beaucoup d'amis, mais peu de très intimes **b)** un nombre d'amis dans la norme, dont quelques-uns sont des intimes **c)** presque uniquement des amis intimes, et peu de connaissances amicales.

11. Vous vous disputez avec un de vos amis. Après la dispute, vous **a)** repensez à la façon dont vous auriez pu exprimer vos arguments encore plus clairement **b)** essayez de penser à autre chose pendant quelques instants **c)** repensez à ce que l'autre personne a dit.

12. Deux de vos amis se sont brouillés pour une bêtise. Vous **a)** leur expliquez que c'est vraiment idiot **b)** essayez de ne pas vous en mêler **c)** demandez à entendre la version de chacun.

13. Un(e) de vos ami(e)s proches se confie à vous à propos d'un problème que vous n'avez jamais rencontré vous-même. Vous **a)** vous demandez pourquoi vous n'avez jamais eu ce problème, et dites à votre ami(e) comment vous avez fait pour l'éviter **b)** essayez de vous mettre à la place de votre ami(e) **c)** dites poliment à votre ami(e) que vous êtes mal placé(e) pour lui donner des conseils sur une situation que vous n'avez jamais vécue.

14. Pour résoudre un conflit, le mieux, c'est **a)** de mettre cartes sur table **b)** de laisser passer du temps **c)** un événement qui bouleverse la vie et qui permet de relativiser.

15. Les conflits ont en général pour origine **a)** un malentendu **b)** un manque d'ouverture d'esprit **c)** des situations auxquelles personne ne peut rien.

CLÉ

1. **a)** 3 **b)** 2 **c)** 1
2. **a)** 2 **b)** 1 **c)** 3
3. **a)** 3 **b)** 2 **c)** 1
4. **a)** 1 **b)** 3 **c)** 2
5. **a)** 1 **b)** 2 **c)** 3
6. **a)** 2 **b)** 1 **c)** 3
7. **a)** 1 **b)** 2 **c)** 3
8. **a)** 2 **b)** 3 **c)** 1
9. **a)** 2 **b)** 3 **c)** 1
10. **a)** 1 **b)** 3 **c)** 2
11. **a)** 1 **b)** 2 **c)** 3
12. **a)** 2 **b)** 1 **c)** 3
13. **a)** 1 **b)** 3 **c)** 2
14. **a)** 3 **b)** 2 **c)** 1
15. **a)** 2 **b)** 1 **c)** 3

Total ____

RÉSULTATS

15-22 POINTS

Votre QI émotionnel est FAIBLE. Lorsque vous donnez des conseils, vous pensez le plus souvent à vous-même plutôt que d'essayer de compatir avec les autres. Essayez de penser à ce que les autres disent, et, plus important encore, de vous demander pourquoi ils le disent.

23-30 POINTS

Vous avez un QI émotionnel MOYEN. Vous gérez bien face aux émotions de vos proches et de vos amis, mais vous n'arrivez pas toujours à être aussi altruiste que vous le pourriez. Par exemple, vous pourriez avoir de grandes qualités d'écoute, mais vous n'êtes pas forcément la meilleure personne qui soit pour négocier les conflits.

31-38 POINTS

Votre QI émotionnel est SUPÉRIEUR À LA MOYENNE. Vous avez une grande capacité d'écoute et savez réagir aux problèmes des autres de façon compatissante. Vous êtes probablement une des premières personnes vers lesquelles se tournent vos amis lorsqu'ils ont besoin de parler, que ce soit pour de bonnes ou de mauvaises nouvelles.

39-45 POINTS

Vous avez un QI émotionnel DE GÉNIE. Vous êtes extrêmement doué(e) pour vous mettre à la place des autres, et vous arrivez à deviner les causes probables du stress des autres rapidement et de façon assez précise. Vous savez gérer vos émotions avec brio, tout en faisant passer vos amis et vos proches avant vous.

Quel est votre profil amoureux?

1. En couple, avec le temps, vous avez tendance à vous disputer **a)** de plus en plus **b)** de moins en moins **c)** toujours autant

2. En couple, avec le temps, vous avez tendance à sortir **a)** de moins en moins **b)** à peu près toujours aussi souvent **c)** de plus en plus

3. Vous avez eu plus d'une histoire d'amour qui ait duré **a)** cinq ans ou plus **b)** deux ans ou plus **c)** deux semaines ou plus

4. Vous avez vécu en couple avec **a)** plus de trois personnes différentes **b)** une ou deux personnes différentes **c)** aucune personne

5. Vous avez emménagé dans une nouvelle ville pour rejoindre votre amoureux(se) **a)** une fois **b)** plus d'une fois **c)** jamais

6. Vous sortez en ville pour faire de nouvelles rencontres amoureuses potentielles **a)** rarement, voire jamais **b)** souvent **c)** parfois

7. Lorsque vous êtes célibataire, vous trouvez le fait de faire des rencontres **a)** palpitant **b)** intimidant ou fastidieux **c)** plutôt attrayant

8. Lorsque vous êtes célibataire, vous recherchez quelqu'un **a)** avec qui vous pourriez rester longtemps **b)** susceptible de vous faire vivre de bons moments tout de suite **c)** qui a une personnalité intéressante

9. En matière de séduction, vous **a)** faites de votre mieux **b)** êtes plutôt nerveux(se) **c)** êtes comme un poisson dans l'eau

10. Pour savoir séduire, il faut **a)** de la pratique **b)** certains dons **c)** de la confiance en soi

11. Passer une soirée en charmante compagnie à regarder un film avec une bonne bouteille de vin, c'est **a)** de la perte de temps **b)** souvent mieux que ce qu'on pourrait croire **c)** une bonne idée quand on n'a pas d'énergie.

12. Les endroits bruyants, c'est **a)** en général, très sympa **b)** en général, pas très agréable **c)** parfois sympa, selon l'endroit et le type de population.

13. Les rendez-vous amoureux les plus réussis, ce sont ceux **a)** qui sont bien préparés **b)** où ce que l'on fait a moins d'importance que la personne avec qui l'on est **c)** qui sont complètement spontanés.

14. Lorsqu'on sort avec une personne qui a le moral dans les chaussettes, il faut **a)** lui remonter le moral **b)** trouver quelqu'un d'autre avec qui sortir **c)** lui parler et lui prêter une oreille attentive.

15. Faire la cuisine pour son amoureux(se) **a)** ça prend trop de temps **b)** c'est sensuel **c)** c'est une gentille attention.

16. Après un premier rendez-vous amoureux, vous **a)** racontez votre soirée à toutes vos connaissances **b)** gardez ça pour vous **c)** racontez ce qui s'est passé à votre meilleur(e) ami(e) uniquement.

17. L'une des qualités les plus importantes chez un(e) partenaire potentiel(le), c'est **a)** le mystère **b)** l'intelligence **c)** le fait d'avoir des choses en commun.

18. Vous tombez amoureux(se) **a)** quand vous êtes mûr(e) pour ça **b)** à la première rencontre **c)** quand l'autre personne semble s'être éprise de vous la première.

19. Vous vous voyez **a)** avec la même personne pour toute la vie **b)** comme un(e) éternel(le) aventurier(ère) de l'amour **c)** vous mettre en couple seulement si vous trouvez la bonne personne

20. Lorsque vous essayez de savoir la façon dont évoluera une relation amoureuse, vous avez **a)** beaucoup d'intuition **b)** une intuition nulle **c)** une intuition assez fiable.

CLÉ

1. **a)** 3 **b)** 1 **c)** 2
2. **a)** 1 **b)** 2 **c)** 3
3. **a)** 1 **b)** 2 **c)** 3
4. **a)** 2 **b)** 1 **c)** 3
5. **a)** 2 **b)** 3 **c)** 1
6. **a)** 1 **b)** 3 **c)** 2
7. **a)** 3 **b)** 1 **c)** 2
8. **a)** 1 **b)** 3 **c)** 2
9. **a)** 2 **b)** 1 **c)** 3
10. **a)** 3 **b)** 1 **c)** 2
11. **a)** 3 **b)** 1 **c)** 2
12. **a)** 3 **b)** 1 **c)** 2
13. **a)** 2 **b)** 1 **c)** 3
14. **a)** 2 **b)** 3 **c)** 1
15. **a)** 3 **b)** 2 **c)** 1
16. **a)** 3 **b)** 1 **c)** 2
17. **a)** 3 **b)** 2 **c)** 1
18. **a)** 2 **b)** 3 **c)** 1
19. **a)** 1 **b)** 3 **c)** 2
20. **a)** 1 **b)** 3 **c)** 2
Total ____

RÉSULTATS

20-30 POINTS

Vous êtes DÉVOUÉ(E) et CASANIER(ÈRE). Vous tissez des liens solides et vous avez toutes chances d'être fidèle. Vous ne cumulez pas les histoires d'amour, mais vous faites tout votre possible pour les faire durer. Et lorsque vous êtes célibataire, vous avez plutôt tendance à compter sur vos amis pour vous présenter quelqu'un.

31-40 POINTS

Vous êtes PRUDENT(E) mais OUVERT(E). Vous préférez les histoires d'amour durables et sincères. Vous attendez d'un(e) nouveau(elle) partenaire qu'il/elle gagne un peu votre confiance avant de vous ouvrir à lui/elle, mais vous n'êtes pas ultrademandeur(euse). Vous n'adorez pas sortir pour faire de nouvelles rencontres, même si vous savez que cela peut être une bonne stratégie. Vos histoires d'amour se déroulent toujours selon des schémas bien définis, sans pour autant tomber dans la routine.

41-50 POINTS

Vous êtes un(e) PASSIONNÉ(E). Vous croyez à l'amour et courez souvent après lui. Mais si les choses ne se passent pas bien rapidement, vous êtes prompt(e) à passer votre chemin. Vous savez apporter du soutien émotionnel à vos partenaires, mais vous préférez chercher l'aventure que jouer les thérapeutes. Vous aimez sortir pour faire de nouvelles rencontres. Il vous est déjà arrivé de prendre de mauvaises décisions amoureuses, mais vous en avez tiré les leçons.

51-60 POINTS

Vous êtes DÉSINVOLTE en amour. Vous n'êtes aujourd'hui absolument pas intéressé(e) par une relation durable. Vous sortez tout le temps pour faire de nouvelles rencontres, avec le désir de faire autant de nouvelles expériences que possible. Le mot « routine » ne fait pas partie de votre vocabulaire. Vous aimez parler de votre vie amoureuse et ne craignez pas de vous exposer à des risques émotionnels s'il y a du plaisir à la clé.

Votre relation amoureuse actuelle vous satisfait-elle?

1. Côté tâches ménagères, votre partenaire a tendance à **a)** participer **b)** agir de façon indépendante **c)** suivre vos instructions.

2. Vous et votre partenaire sortez avec des amis **a)** souvent **b)** rarement, voire jamais **c)** parfois.

3. Lorsque vous partez en voyage, c'est **a)** toujours avec votre partenaire **b)** jamais avec votre partenaire **c)** parfois avec votre partenaire.

4. Votre partenaire vous fait des cadeaux **a)** pour se faire pardonner des erreurs qu'il/elle a faites **b)** à votre anniversaire et à Noël **c)** à des moments inattendus.

5. Votre partenaire vous surprend **a)** chaque jour **b)** parfois **c)** rarement, voire jamais.

6. Votre partenaire est **a)** brillant(e) dans certains domaines **b)** brillant(e) dans tous les domaines **c)** pas si brillant(e) que ça.

7. Votre partenaire vous apprend à savoir faire de nouvelles choses **a)** chaque jour **b)** rarement, voire jamais **c)** parfois.

8. Lorsque vous critiquez votre partenaire, cela aboutit généralement à **a)** une dispute **b)** la même conversation éternelle, sur les mêmes problèmes éternels **c)** une amélioration de sa part grâce à vous.

9. Vous et votre partenaire **a)** êtes allés aux mêmes endroits et connaissez les mêmes gens **b)** êtes allés à très peu d'endroits en commun et connaissez très peu de gens en commun **c)** êtes allés à certains endroits en commun, et connaissez certaines personnes en commun.

10. Vous préférez **a)** écouter votre partenaire **b)** parler à votre partenaire **c)** lorsque vous vous parlez autant l'un que l'autre.

11. Vous et votre partenaire exercez **a)** le même métier ou presque **b)** des métiers très différents l'un de l'autre **c)** des métiers différents, mais comparables.

12. Vous espérez rester avec votre partenaire **a)** tout le reste de votre vie **b)** tant que vous serez heureux ensemble **c)** au moins encore un peu.

13. Vous avez souvent l'impression que **a)** vous savez exactement ce que votre partenaire va faire **b)** vous n'avez aucune idée de ce que votre partenaire va faire **c)** vous avez une idée de ce que votre partenaire pense, mais vous êtes souvent pris(e) par surprise.

14. Votre partenaire est ou serait **a)** une mère/un père attentionné(e) **b)** très porté(e) sur la discipline avec les enfants **c)** amusant(e) à observer dans son rôle de père/mère.

15. Les moments où vous passez du temps avec votre partenaire **a)** ont été définis par vous deux de façon à peu près équitable **b)** ont été majoritairement définis par l'un d'entre vous **c)** sont un bon indicateur de la personnalité de votre couple.

CLÉ

1. **a)** 3 **b)** 1 **c)** 2	**7.** **a)** 2 **b)** 1 **c)** 3	**13.** **a)** 1 **b)** 2 **c)** 3
2. **a)** 3 **b)** 1 **c)** 2	**8.** **a)** 2 **b)** 3 **c)** 1	**14.** **a)** 2 **b)** 1 **c)** 3
3. **a)** 2 **b)** 1 **c)** 3	**9.** **a)** 1 **b)** 3 **c)** 2	**15.** **a)** 2 **b)** 1 **c)** 3
4. **a)** 1 **b)** 2 **c)** 3	**10.** **a)** 3 **b)** 1 **c)** 2	
5. **a)** 2 **b)** 3 **c)** 1	**11.** **a)** 2 **b)** 1 **c)** 3	
6. **a)** 3 **b)** 1 **c)** 2	**12.** **a)** 2 **b)** 3 **c)** 1	Total ____

RÉSULTATS

15–20 POINTS

Votre relation est INSATISFAISANTE. Vous avez une vision très négative de votre partenaire et de vos perspectives d'avenir. Vous avez de sérieux doutes quant au fait que vous resterez encore longtemps ensemble. Soit vous connaissez beaucoup trop bien votre partenaire pour que votre relation reste intéressante, soit il/elle ne vous donne pas accès à certains aspects fondamentaux de sa personnalité. Quoi qu'il en soit, cette relation a un effet négatif sur vous.

21–26 POINTS

Votre relation amoureuse est CONVENABLE. Vous vous entendez suffisamment bien avec votre partenaire pour que votre relation soit globalement satisfaisante. Peut-être vous disputez-vous un peu plus que vous le voudriez, mais dans l'ensemble, tout va bien. Cependant, votre relation garde quelques points conflictuels, et vous avez du travail à fournir si vous voulez qu'elle s'améliore.

27–33 POINTS

Votre relation amoureuse est SATISFAISANTE. Vous appréciez la compagnie de votre partenaire et avez beaucoup de respect pour lui/elle. Vous êtes extrêmement compatibles l'un avec l'autre et vous communiquez avec maturité, de manière bénéfique à chacun. Même si votre relation n'est pas parfaite, au final, vous allez très bien ensemble. Vous êtes capables d'évoluer ensemble. Des efforts seront nécessaires si vous voulez continuer à tendre vers la perfection, mais vous avez toutes les raisons d'être optimiste.

34–39 POINTS

Votre relation amoureuse est MERVEILLEUSE. Vous ne pourriez pas attendre beaucoup plus de la personne avec laquelle vous êtes! Vous appréciez énormément sa compagnie, et sa présence fait de vous une meilleure personne. Il vous arrive d'être en désaccord, mais n'est-ce pas le cas de tous les couples? Cette relation a tout pour durer très longtemps, et être extrêmement satisfaisante.

40–45 POINTS

Votre relation amoureuse est EXCEPTIONNELLE. Vous et votre partenaire allez incroyablement bien ensemble. Vous avez un effet très bénéfique l'un sur l'autre et vous apprenez énormément l'un de l'autre, sans que la personnalité de l'un ou de l'autre prédomine. Tout ce que vous faites ensemble fonctionne parce que vous vous portez un immense amour et un immense respect mutuels. Vous vous sentez bien ensemble, et le fait que vous voyiez la vie en rose vous rend les choses encore plus faciles, reléguant au second plan ce qui pourrait autrement constituer des moments éprouvants. Pour finir, et c'est peut-être là le plus important, vous partagez énormément de bons moments.

Quel genre d'ami(e) êtes-vous ?

1. Lorsqu'ils vous demandent conseil sur un problème important, vos amis sont plus réceptifs **a)** si vous leur exposez longuement et en détail votre point de vue **b)** aux commentaires qui les font rire **c)** lorsque vous les rassurez en leur disant que tout ira bien.

2. Les gens vous demandent généralement des conseils sur **a)** l'amour **b)** les relations amicales ou familiales **c)** le mal de vivre en général.

3. Lorsque des amis vous demandent conseil, ils le font généralement **a)** au téléphone **b)** dans un cadre privé, comme lors d'un dîner ou chez vous **c)** au cours d'un déjeuner rapide ou en vous croisant en coup de vent.

4. Lorsqu'on vous demande des conseils, vous essayez de répondre en fonction de **a)** votre propre expérience **b)** ce que vous savez de la personne qui vous les demande **c)** ce que vous considérez comme le bon sens universel.

5. Vous **a)** adorez que l'on vous demande des conseils **b)** aimez que l'on vous demande des conseils, et prenez ça en général très au sérieux **c)** êtes un peu mal à l'aise lorsqu'on vous demande des conseils, mais faites de votre mieux.

6. Vous connaissez **a)** beaucoup des grands secrets de vos amis **b)** assez peu de leurs secrets très personnels **c)** quelques-uns de leurs grands secrets.

7. Lorsque vous avez juré de ne pas répéter quelque chose, vous caftez **a)** jamais au grand jamais **b)** rarement, même si c'est déjà arrivé **c)** assez souvent, pour être honnête.

8. Vous aimez que l'on vous confie des secrets surtout parce que **a)** c'est souvent très croustillant **b)** vous appréciez la confiance que l'on vous fait **c)** en fait, vous n'aimez pas tant que ça que l'on vous confie des secrets.

9. Habituellement, vous partagez vos secrets à vous avec **a)** personne **b)** beaucoup de gens **c)** une ou deux personnes.

10. Le plus longtemps que vous ayez gardé un secret, c'est **a)** quelques mois, au maximum **b)** de nombreuses années **c)** une année ou deux.

11. Vos amis vous sollicitent le plus souvent **a)** pour que vous vous joigniez à des choses qui s'organisent **b)** pour vous demander si vous avez des idées de choses à organiser.

12. Vous faites des blagues **a)** parfois **b)** rarement, voire jamais **c)** souvent.

13. Vous taquinez vos amis **a)** souvent **b)** parfois **c)** rarement, voire jamais.

14. Votre rire est **a)** réservé et discret **b)** normal **c)** sonore et triomphal.

15. Vous êtes impliqué(e) dans **a)** quelques-uns des moments mémorables vécus par vos amis **b)** beaucoup des moments mémorables vécus par vos amis **c)** aucun moment mémorable : vos amis n'en ont pas vraiment.

CLÉ

1. **a)** 1 **b)** 2 **c)** 3	**7.** **a)** 2 **b)** 1 **c)** 3	**13.** **a)** 3 **b)** 2 **c)** 1
2. **a)** 1 **b)** 2 **c)** 3	**8.** **a)** 3 **b)** 2 **c)** 1	**14.** **a)** 1 **b)** 2 **c)** 3
3. **a)** 2 **b)** 1 **c)** 3	**9.** **a)** 1 **b)** 3 **c)** 2	**15.** **a)** 2 **b)** 3 **c)** 1
4. **a)** 3 **b)** 1 **c)** 2	**10.** **a)** 3 **b)** 2 **c)** 1	
5. **a)** 2 **b)** 1 **c)** 3	**11.** **a)** 1 **b)** 3	
6. **a)** 2 **b)** 3 **c)** 1	**12.** **a)** 2 **b)** 1 **c)** 3	Total ____

RÉSULTATS

15-25 POINTS

Vous êtes LE SAGE. Vous êtes considéré(e) comme quelqu'un de prudent et de clairvoyant, et vos amis aiment savoir ce que vous auriez à dire sur ce qu'ils vivent. Que ce soit parce que vous êtes plein(e) de bon sens ou parce que vous êtes très attentif(ve) à eux (à moins que ce ne soit les deux!), vous êtes respecté(e) pour vos sages paroles. Quand les gens viennent vous demander conseil, ils s'assurent de le faire dans un contexte propice au dialogue. Même si vous êtes peut-être moins prompt(e) que d'autres à faire des blagues pour détendre l'atmosphère ou pour dédramatiser une situation difficile, vous compensez largement par vos observations avisées.

26-35 POINTS

Vous êtes LE CONFIDENT(E). Vous êtes considéré(e) comme quelqu'un de loyal et de digne de confiance, et vos amis comptent sur vous pour les aider à trouver un peu de stabilité dans les moments difficiles. Vous savez également être tantôt sage, tantôt amusant(e), mais c'est votre dévouement en amitié qui vous permet de tisser des liens solides et qui fait que les gens s'attachent à vous. Vos amis ont le sentiment que vous avez toujours été là pour eux, et qu'ils pourront compter sur vous à l'avenir.

36-45 POINTS

Vous êtes LE BOUTE-EN-TRAIN. Vous avez un grand sens de l'humour et c'est souvent vous qui êtes à l'origine des idées amusantes et des activités. Vous savez que par moments, vos amis ont besoin de parler sérieusement, et il arrive de temps en temps qu'ils se tournent vers vous pour vous confier quelque chose ou vous demander un conseil, mais la plupart du temps, vous restez en dehors de tout ça. Soit parce que les confidences vous mettent un peu mal à l'aise, soit parce que ce n'est pas votre fort. Quoi qu'il en soit, vous apportez de la décontraction, et vos amis vous apprécient pour ça.

Les gens parlent-ils de vous dans votre dos ?

1. Combien d'histoires d'amour différentes avez-vous vécues au cours des cinq dernières années ? **a)** moins de trois **b)** entre trois et cinq **c)** plus de cinq.

2. Vous voyagez **a)** parfois **b)** souvent **c)** rarement, voire jamais

3. Au cours de l'année qui vient de s'écouler, vous avez été saoul(e) **a)** moins de cinq fois **b)** environ une fois par mois **c)** plus d'une fois par mois.

4. Au travail, vous avez **a)** un ou deux amis **b)** presque aucun ami **c)** des amis par dizaines.

5. Vous **a)** aimez votre travail **b)** n'adorez pas vraiment votre travail, mais essayez de garder le sourire **c)** n'aimez pas votre travail et ne vous privez pas de le faire savoir.

6. Si vous appreniez que l'on parlait dans votre dos, vous seriez **a)** ennuyé(e) **b)** furieux(se) **c)** indifférent(e).

7. Vous confiez des secrets **a)** souvent **b)** rarement, voire jamais **c)** parfois.

8. Vous êtes inscrit(e) sur **a)** un réseau social en ligne **b)** aucun réseau social en ligne **c)** plusieurs réseaux sociaux en ligne.

9. Vous mettez à jour votre profil sur les réseaux sociaux en ligne **a)** souvent **b)** parfois **c)** rarement, voire jamais.

10. Vous qualifieriez votre vie de **a)** plutôt cool **b)** parfois un peu terne **c)** tumultueuse.

11. Parmi les réponses suivantes, cochez toutes celles qu'il vous est déjà arrivé d'évoquer en parlant dans le dos de quelqu'un **a)** la rupture amoureuse **b)** la promiscuité **c)** l'infidélité **d)** la paresse **e)** le comportement de quelqu'un lors de soirées : sa consommation d'alcool, de nourriture…

CLÉ

1. a) 1 b) 2 c) 3
2. a) 2 b) 3 c) 1
3. a) 1 b) 2 c) 3
4. a) 1 b) 2 c) 3
5. a) 1 b) 3 c) 2
6. a) 2 b) 3 c) 1
7. a) 3 b) 1 c) 2
8. a) 1 b) 2 c) 3
9. a) 3 b) 1 c) 2
10. a) 2 b) 1 c) 3
11. Ajoutez 3 points pour chaque réponse entourée.

Total ____

RÉSULTATS

10-17 POINTS

Vous êtes HORS DE PORTÉE des ragots. Vous pouvez être absolument sûr(e) que votre vie n'apporte pas d'eau au moulin des commérages. Vous n'êtes impliqué(e) dans aucune histoire sulfureuse, et vous ne connaissez pas vraiment de colporteurs de ragots. Vous parlez assez ouvertement de votre vie, ce qui fait que les gens n'ont pas besoin de faire des suppositions. Qui plus est, par principe, vous ne participez pas aux commérages : c'est très incorrect de parler des gens dans leur dos.

18-25 POINTS

Vous êtes ÉPARGNÉ(E) par les ragots. Et il y a de fortes chances que vous trouviez cela bien mieux comme ça. Votre vie n'est pas exactement une série à rebondissements. Vous gardez votre vie privée pour vous, et vous n'attirez pas beaucoup le mélodrame. Par ailleurs, vous restez à bonne distance des séances de commérage, les gens ne pensent donc pas à vous dans ces moments-là. Ils vous respectent car vous êtes un peu au-dessus de tout ça. Vous avez assez d'assurance pour prendre des décisions dans votre propre intérêt, ce qui est un trait de caractère commun à tous les grands leaders.

26-33 POINTS

Vous êtes une PROIE IDÉALE pour les ragots. Pourquoi les gens ne parleraient-ils pas de vous ? Vous menez une vie intéressante. Non pas que vous essayiez de vous faire remarquer, mais il vous arrive parfois des choses intrigantes, insolites, inattendues ou incroyables – pas tous les jours, mais relativement souvent. Vous aimez raconter des histoires et parler des gens qui vous entourent, ce qui amène parfois à se moquer de quelqu'un dans son dos, même si c'est sans penser à mal. Les gens font probablement la même chose avec vous, ce que vous trouvez probablement irritant à imaginer, mais que vous pouvez supporter assez facilement.

34-39 POINTS

Vous faites régulièrement les GROS TITRES de la gazette des potins. Même si l'on ne parle pas de vous en permanence, vous vous retrouvez assez souvent dans les sujets de conversation autour de la machine à café. Vous avez une vie trépidante et vous connaissez beaucoup de monde. Les événements festifs sont une chose importante, que vous prenez très au sérieux. Si cela implique que des gens se réunissent pour faire des commentaires sur la façon dont vous vivez votre vie, qu'il en soit ainsi. Qu'importe d'être jugé de temps à autre si c'est parce que les gens trouvent que vous êtes un sujet de conversation digne d'intérêt.

40-45 POINTS

Vous êtes DANS TOUTES LES CONVERSATIONS. Vous vivez presque votre vie dans le but d'avoir des choses à raconter plus tard. Vous exprimez librement vos émotions et êtes prompt(e) à les laisser paraître. Avec le temps, vous vous êtes fait quelques ennemis, mais après tout, ce n'est pas plus mal : cela vous évite de devoir faire semblant de les apprécier. Votre vie amoureuse a connu quelques épisodes rocambolesques, mais il y a d'excellentes raisons à cela. Les commérages sont un des grands plaisirs de la vie, et vous y prenez part avec enthousiasme. Vous êtes proche de vos collègues, et là où vous travaillez, les bruits de couloir vont bon train. Si des gens parlent de vous dans votre dos (ce qui est probablement le cas), cela vous chiffonne beaucoup – mais au moins, vous pouvez vous consoler en vous disant que vous avez une vie intéressante.

Quel type de prêteur(euse) êtes-vous?

1. Lesquels des objets suivants prêteriez-vous à votre meilleur(e) ami(e)? Inscrivez une croix à côté de ces objets. Lesquels prêteriez-vous à un voisin que vous connaissez à peine? Inscrivez un rond pour chacun de ces objets.

2. Vous avez une assurance **a)** pour la maison et la voiture, et c'est tout **b)** pour rien **c)** pour beaucoup de choses.

3. Lorsque vos vêtements préférés sont usés, vous **a)** les donnez à une œuvre de charité **b)** les donnez à quelqu'un **c)** les laissez au fond de votre placard.

4. Les appareils électroniques que vous avez payés très cher à l'époque **a)** sont entassés quelque part chez vous : ils vont bien finir par reprendre de la valeur **b)** vous vous en êtes débarrassé(e) depuis longtemps **c)** vous vous en débarrasserez quand vous trouverez le moment de vous en occuper.

5. L'objet le plus cher que vous possédiez, en dehors d'une maison ou d'une voiture **a)** est une sorte de fardeau pour vous **b)** est également une des choses à laquelle vous tenez le plus **c)** est une chose qui n'est attachée à aucune émotion particulière.

6. Vous achetez les choses, comme le sucre et le sel, en **a)** maxi format familial **b)** en quantité normale **c)** en petites quantités.

7. Les objets qui vous sont le plus cher sont **a)** dans un tiroir **b)** dans un placard **c)** visibles aux yeux de tous.

8. Votre objet le plus cher est **a)** une chose qui n'a de sens que pour vous **b)** une chose qui pourrait intéresser d'autres gens **c)** une chose qu'à peu près n'importe qui adorerait avoir.

9. Offrir à un proche quelque chose que vous aviez vous-même reçu en cadeau, c'est **a)** une offense à celui ou celle qui vous l'avait offert **b)** une chose sans importance **c)** un très beau geste.

10. Vos objets préférés vous rappellent **a)** votre famille, ou une personne qui vous est chère **b)** des événements, comme un match sportif **c)** la richesse matérielle.

11. Lorsque vous pensez aux choses que vous avez prêtées et que l'on ne vous a pas rendues, vous êtes **a)** indifférent(e) **b)** en colère **c)** mélancolique.

CLÉ

1. Comptez 1 point pour chaque croix et 3 points pour chaque rond.

2. **a)** 2 **b)** 3 **c)** 1

3. **a)** 2 **b)** 3 **c)** 1

4. **a)** 1 **b)** 3 **c)** 2

5. **a)** 3 **b)** 1 **c)** 2

6. **a)** 3 **b)** 2 **c)** 1

7. **a)** 2 **b)** 1 **c)** 3

8. **a)** 1 **b)** 2 **c)** 3

9. **a)** 1 **b)** 2 **c)** 3

10. **a)** 3 **b)** 2 **c)** 1

11. **a)** 3 **b)** 1 **c)** 2

Total ____

RÉSULTATS

10-19 POINTS

Vous GARDEZ JALOUSEMENT les objets. Vous avez un mal à fou à jeter les choses, sans parler de les prêter à ceux qui pourraient vraiment en avoir besoin. Quand il s'agit de faire du tri dans vos placards ou dans votre grenier, vous essayez d'être impitoyable, mais vous finissez par garder presque tout. Que les objets aient une valeur pécuniaire ou sentimentale, vous avez l'impression qu'il y a toujours une bonne raison de les garder. Lorsqu'il vous arrive de prêter quelque chose, vous demandez en général à ce qu'on vous le rende à un moment bien précis, que vous ne manquez pas de rappeler à la personne.

20-29 POINTS

Vous êtes SÉLECTIF(VE). Ce n'est pas que vous ne soyez pas prêteur(se), mais vous ne voulez pas prêter à n'importe qui, et jamais une chose à laquelle vous tenez beaucoup. Vous choisissez donc soigneusement ce que vous prêtez, et à qui, et n'hésitez pas à dire non même à une personne qui aurait vraiment besoin de quelque chose. Si vous prêtez très peu de choses à la fois, ce sera bien plus facile de vous souvenir qui a quoi, et de vous assurer que l'on vous le rendra.

30-40 POINTS

Vous êtes GÉNÉREUX(SE). Vous tenez à vos affaires, mais pas au point de refuser un service à un ami dans le besoin, ni même à quelqu'un que vous ne connaissez pas, si vous êtes de bonne humeur. Vous avez tendance à garder les choses un peu plus longtemps que nécessaire, mais vous allez aussi régulièrement faire des dépôts dans des trocs ou des associations pour donner les vêtements que vous ne portez plus. Lorsque vous prêtez quelque chose et qu'on ne vous le rend pas, vous le réclamez à la personne, mais pas à chaque fois, et jamais quand il s'agit d'objets ordinaires.

41-50 POINTS

Vous êtes un(e) PHILANTHROPE. Vous aimez donner, et vous donnez sans compter. Si quelqu'un veut vous emprunter quelque chose, il y a toutes les chances pour que vous le lui donniez, avec en plus d'autres choses qu'il n'aurait même pas demandées. Il y a bien certaines choses que vous voulez que l'on vous rende, mais il est probable que vous finissiez par oublier même ces choses-là si ce n'est pas le cas.

51-60 POINTS

Vous êtes PRODIGUE. Les choses matérielles n'ont aucune valeur à vos yeux à côté de vos amis. Vous aimez vos affaires et en faites bon usage, mais si quelqu'un d'autre en a plus besoin que vous, vous le lui donnez sans arrière-pensée. Lorsque vous avez envie de vous replonger dans le passé, les images que vous avez en tête vous suffisent. Et vous n'attendez certainement pas des objets que vous possédez qu'ils deviennent collector un jour. Lorsque vous prêtez quelque chose, vous le faites avec l'idée que vous ne le reverrez jamais, et cela vous semble très bien comme ça.

Qu'est-ce que les gens respectent le plus chez vous ?

1. Vous avez été témoin à **a)**un mariage **b)** aucun mariage **c)** plusieurs mariages.

2. Vous vous faites couper les cheveux **a)** une fois par mois ou plus **b)** tous les deux mois **c)** peut-être une fois par an.

3. Vous organisez **a)** un événement régulier, chez vous ou ailleurs **b)** aucun événement régulier **c)** plusieurs événements réguliers.

4. À tout moment, vous avez sur vous **a)** une chose destinée à soigner votre apparence (peigne, baume à lèvres, déodorant…) **b)** plusieurs choses destinées à soigner votre apparence **c)** aucune chose destinée à soigner votre apparence.

5. Vous faites en général votre shopping vestimentaire **a)** avec plusieurs ami(e)s **b)** avec un(e) ou deux ami(e)s **c)** seul(e).

6. Vous essayez délibérément de faire rire les autres **a)** tout le temps **b)** rarement, voire jamais **c)** parfois.

7. Des photos de vous avec vos amis, vous en avez **a)** une affichée au mur chez vous **b)** aucune affichée au mur chez vous **c)** plusieurs affichées au mur chez vous.

8. Vous êtes président(e) ou directeur(trice) **a)** de plusieurs associations ou clubs **b)** d'une association ou d'un club **c)** d'aucune association ou club.

9. Vous avez eu une augmentation ou une promotion **a)** au cours de ces deux dernières années **b)** jamais **c)** à un moment donné de votre vie.

10. Vous avez reçu une distinction professionnelle **a)** jamais **b)** de nombreuses fois **c)** une ou deux fois.

11. Par rapport à votre revenu d'il y a trois ans, vous **a)** gagnez mieux votre vie aujourd'hui **b)** gagnez environ la même chose aujourd'hui **c)** gagnez moins bien votre vie aujourd'hui.

12. Au travail, vous vous habillez **a)** de façon plus décontractée que la plupart de vos collègues **b)** de façon plus soignée que la plupart de vos collègues **c)** de la même façon que vos collègues.

13. Au travail, vous riez **a)** rarement, voire jamais **b)** souvent **c)** parfois.

14. Il vous arrive d'avoir des ennuis pour vous être lié avec vos collègues **a)** souvent **b)** parfois **c)** rarement, voire jamais.

15. Vous parlez de votre travail avec vos amis **a)** parfois **b)** rarement, voire jamais **c)** souvent.

16. Sur votre lieu de travail vous vous sentez **a)** mal à l'aise **b)** plutôt à l'aise **c)** très à l'aise.

CLÉ

1. **a)** 2 **b)** 1 **c)** 3	**7.** **a)** 1 **b)** 2 **c)** 3	**13.** **a)** 1 **b)** 3 **c)** 2
2. **a)** 1 **b)** 2 **c)** 3	**8.** **a)** 2 **b)** 3 **c)** 1	**14.** **a)** 3 **b)** 2 **c)** 1
3. **a)** 2 **b)** 1 **c)** 3	**9.** **a)** 2 **b)** 1 **c)** 3	**15.** **a)** 3 **b)** 1 **c)** 2
4. **a)** 2 **b)** 1 **c)** 3	**10.** **a)** 1 **b)** 2 **c)** 3	**16.** **a)** 1 **b)** 3 **c)** 2
5. **a)** 1 **b)** 2 **c)** 3	**11.** **a)** 2 **b)** 3 **c)** 1	
6. **a)** 2 **b)** 1 **c)** 3	**12.** **a)** 3 **b)** 2 **c)** 1	Total ____

RÉSULTATS

16-24 POINTS

Vous êtes respecté(e) pour VOTRE APPARENCE. Non seulement vous avez un physique avantageux, mais vous vous habillez avec style et vous êtes très soigné(e). Les gens veulent connaître votre secret, qu'ils l'admettent ou non ! Vous êtes souvent placé(e) à dessein dans des situations où vous êtes visible, et régulièrement sollicité(e) par les gens qui veulent des conseils vestimentaires. Il est fort possible que vous soyez également drôle et intelligent(e), mais les personnes des deux sexes gravitent autour de vous essentiellement pour des raisons d'attrait physique.

25-32 POINTS

Vous êtes respecté(e) pour VOS QUALITÉS PROFESSIONNELLES. Vous avez du charisme, du tact et de la finesse. Vous êtes perçu(e) comme un(e) meneur(euse) né(e), capable d'organiser un travail d'équipe, et d'atteindre des objectifs. Vous avez tendance à gravir les échelons plutôt vite, et pour de bonnes raisons. Lorsqu'il s'agit de prendre des décisions, les gens placent une grande confiance en vous. Vous êtes un(e) bon(ne) négociateur(trice), extrêmement efficace dans les situations qui demandent de la diplomatie.

33-40 POINTS

Vous êtes respecté(e) pour VOTRE INTELLIGENCE. Vous êtes considéré(e) comme un cerveau, et les gens admirent bien souvent votre vivacité d'esprit. Vous apprenez vite, vous en connaissez un rayon sur de nombreux sujets, et vous êtes très rapide à la détente. Les gens aimeraient bien souvent avoir autant de connaissances que vous à leur disposition. Votre conversation est donc appréciée, et face à une question compliquée, nombreux sont ceux qui se tournent vers vous pour consulter votre avis éclairé. Mais il n'y a pas que vos connaissances qui inspirent le respect : vous avez également une grande capacité à analyser le monde qui vous entoure.

41-48 POINTS

Vous êtes respecté(e) pour VOTRE PERSONNALITÉ. Vous êtes charismatique, au sens où vous émettez des ondes positives autour de vous. Vous faites rire les autres, et vous êtes une mine d'idées réjouissantes. C'est vous le ciment de votre groupe d'amis. Au travail, les gens se disent souvent qu'ils aimeraient discuter avec vous plutôt que de rester silencieusement assis dans le box de bureau à côté du vôtre. Vous souriez et riez souvent, et c'est communicatif. Il se peut que vous soyez également séduisant(e) ou pas mal, mais les gens s'intéressent beaucoup plus à ce que vous avez à dire qu'à votre apparence.

Chapitre **3**

VOUS + VOTRE MODE DE VIE

Quel animal de compagnie est fait pour vous ?

1. Vos histoires d'amour et d'amitié durent en général **a)** plusieurs années **b)** six mois ou moins **c)** environ un an.

2. En couple, vous avez tendance à être **a)** moteur **b)** passif **c)** décontracté(e).

3. Vous pensez qu'une vie de couple réussie demande **a)** beaucoup de travail **b)** un respect mutuel **c)** de l'indépendance.

4. Lorsque vous sortez entre amis ou en amoureux, vous préférez **a)** vous dépenser **b)** faire une activité qui demande peu d'énergie **c)** parler.

5. Ce que vous préférez, c'est **a)** les câlins **b)** le jeu **c)** avoir votre espace à vous.

6. Quand votre partenaire ou un(e) ami(e) met de la musique, en général **a)** vous n'y prêtez aucune attention **b)** cela vous dérange **c)** vous vous intéressez à ce que vous entendez.

7. Vous vivez **a)** seul(e) **b)** avec des colocataires **c)** en couple.

8. Chez vous, vous sortez la poubelle **a)** la plupart du temps **b)** rarement, voire jamais **c)** parfois.

9. Chez vous, c'est **a)** très peu lumineux **b)** normalement lumineux **c)** extrêmement lumineux.

10. Vous passez **a)** 40 heures par semaine au travail **b)** moins de 40 heures par semaine au travail **c)** plus de 40 heures par semaine au travail.

11. Vous partez en voyage **a)** rarement, voire jamais **b)** souvent **c)** parfois.

12. Lorsque vous partez en vacances **a)** vous voyagez léger **b)** vous remplissez plusieurs valises **c)** vous emportez ce qui est nécessaire, plus un peu de rab.

13. Parmi les choses suivantes, entourez celles que vous avez déjà faites dans votre vie : **a)** perdu vos clés ou votre portefeuille **b)** oublié le mot de passe de votre boîte mail **c)** oublié de passer chercher quelqu'un que vous deviez accompagner en voiture **d)** cassé quelque chose de cher dans un magasin **e)** mal orthographié votre nom sur un document important.

CLÉ

1. **a)** 3 **b)** 1 **c)** 2

2. **a)** 3 **b)** 2 **c)** 1

3. **a)** 3 **b)** 2 **c)** 1

4. **a)** 3 **b)** 2 **c)** 1

5. **a)** 2 **b)** 3 **c)** 1

6. **a)** 3 **b)** 1 **c)** 2

7. **a)** 1 **b)** 3 **c)** 2

8. **a)** 3 **b)** 1 **c)** 2

9. **a)** 1 **b)** 3 **c)** 2

10. **a)** 2 **b)** 3 **c)** 1

11. **a)** 3 **b)** 1 **c)** 2

12. **a)** 1 **b)** 3 **c)** 2

13. Comptez 1 point par réponse entourée.

Total ____

RÉSULTATS

12-21 POINTS

L'animal qu'il vous faut est une TORTUE, un POISSON, ou un HAMSTER. Étant donné votre mode de vie et votre niveau de responsabilité, vous avez avantage à choisir un animal qui peut être laissé seul ou facilement confié à une autre personne.

22-31 POINTS

L'animal qu'il vous faut est un CHAT. Comme lui, vous avez besoin d'affection et de présence, mais vous avez également un grand sens de l'indépendance. Vous êtes suffisamment responsable et attentif(ve) pour subvenir à ses besoins. Vous appréciez le contact physique, mais vous préférez le calme des caresses, douillettement installé(e) dans votre canapé, au jeu en général assez turbulent des chiens.

32-41 POINTS

L'animal qu'il vous faut est un CHIEN. Vous vous entendriez à merveille avec cet animal avide de complicité et plutôt dépendant. Vous appréciez d'avoir un rôle moteur dans vos relations, et c'est exactement comme cela que les choses se passent avec un chien. Votre inclination à nouer des amitiés solides et durables est en totale adéquation avec la fidélité dont savent faire preuve les chiens.

Quelle métropole du monde vous correspond le mieux?

1. Lorsque vous êtes au travail, vous communiquez avec vos amis **a)** rarement, voire jamais **b)** parfois **c)** en permanence

2. Changer de carrière professionnelle **a)** cela vous a déjà traversé l'esprit **b)** cela vous semble inenvisageable **c)** vous l'avez déjà fait plusieurs fois

3. Votre pause déjeuner **a)** c'est un moment important pour couper votre journée de travail **b)** vous la prenez à votre bureau, devant votre ordinateur **c)** vous n'en prenez pas

4. Vous travaillez **a)** autant d'heures d'affilée que vous arrivez à rester réveillé(e) **b)** aussi peu d'heures d'affilée que possible **c)** pas mal d'heures d'affilée

5. En rentrant du travail, vous filez **a)** vous coucher b) faire quelques course pour le dîner du soir **c)** faire des mots croisés

6. Avant de sortir, vous passez **a)** cinq à dix minutes à vous préparer **b)** plus de dix minutes à vous préparer **c)** pas de temps du tout à vous préparer : vous y allez en général directement en sortant du travail

7. Pour vous, le jardin idéal **a)** est très dessiné et bien entretenu **b)** recèle de petits coins secrets **c)** est en parfaite harmonie avec la nature

8. Ce qui vous émerveille le plus, ce sont **a)** les choses très anciennes **b)** les choses immenses **c)** les choses très modernes

9. Le monde de la mode, c'est **a)** trop superficiel **b)** une chose à prendre au sérieux **c)** tout sauf sérieux, mais sympa

10. Un bar, ça doit être **a)** très lumineux, et plein de bonnes choses à manger **b)** sophistiqué, et plein de gens élégants **c)** sombre, et plein de supporters de sport

11. Lorsque un(e) ami(e) qui doit passer vous chercher est en retard, vous **a)** vous impatientez de plus en plus **b)** vous posez et regardez ce qui se passe autour de vous **c)** essayez de faire quelque chose d'utile, si possible

12. Vous attendez **a)** des machines qu'elles compensent les défaillances humaines **b)** des hommes qu'ils compensent les défaillances des machines **c)** un peu des deux

13. Les événements sportifs **a)** sont plus exaltants lorsqu'ils durent toute la journée **b)** devraient être l'affaire de deux ou trois heures, à moins qu'il y ait des prolongations **c)** devraient avoir une durée bien précise et non-extensible

14. Les transports en commun devraient **a)** être un endroit intéressant pour voir des gens **b)** pouvoir transporter autant de passagers que possible en aussi peu de temps que possible **c)** avoir un côté historique

15. Vous préférez vous promener **a)** le long d'une jolie rivière **b)** dans un immense centre commercial **c)** dans des rues chargées d'histoire

CLÉ

1. **a)** 3 **b)** 2 **c)** 1

2. **a)** 2 **b)** 1 **c)** 3

3. **a)** 2 **b)** 1 **c)** 3

4. **a)** 3 **b)** 2 **c)** 1

5. **a)** 3 **b)** 2 **c)** 1

6. **a)** 2 **b)** 1 **c)** 3

7. **a)** 1 **b)** 2 **c)** 3

8. **a)** 2 **b)** 1 **c)** 3

9. **a)** 3 **b)** 2 **c)** 1

10. **a)** 3 **b)** 1 **c)** 2

11. **a)** 1 **b)** 2 **c)** 3

12. **a)** 3 **b)** 1 **c)** 2

13. **a)** 2 **b)** 1 **c)** 3

14. **a)** 1 **b)** 3 **c)** 2

15. **a)** 1 **b)** 3 **c)** 2

Total ____

RÉSULTATS

15–22 POINTS

Votre métropole idéale est NEW YORK. Votre tempérament énergique et votre nature sociable laissent imaginer que vous vous sentiriez comme chez vous dans la Grosse Pomme, qui est une ville sans cesse en mouvement et où il se passe toujours quelque chose. Vous êtes capable de beaucoup travailler, tant que vous pouvez aussi faire beaucoup la fête. Les gratte-ciel vous laissent admiratif(ve), et vivre dans des quartiers très denses avec 8 millions d'autres personnes ne vous pose aucun problème. Après tout, ça fait 8 millions de personnalités différentes à découvrir.

23–30 POINTS

Votre métropole idéale est PARIS. Votre goût de la sophistication et de la mode devrait vous faire sentir comme chez vous dans la capitale française. (D'autant qu'on y a mangé également très bien!) La vie est trop courte pour passer son temps à travailler : pour vivre heureux, il faut parfois savoir prendre son temps. Vous appréciez énormément les belles choses que produit la culture européenne, y compris les musées, l'architecture et la musique. Vous aimez les lieux empreints de beauté et d'harmonie, mais vous ne voulez pas vous retrouver entassé(e) dans une foule chaque fois que vous voulez aller visiter quelque chose.

31–37 POINTS

Votre métropole idéale est LONDRES. Vous êtes cultivé(e) et vous appréciez la sophistication, mais vous n'aimez pas frimer. Vous préférez les endroits où vous vous sentez à votre aise plutôt que ceux où les codes sont trop stricts. Le mélange d'architecture moderne et classique vous plaît, et pour vous, la journée idéale consiste à regarder un match de cricket assis(e) au soleil, et à boire quelques pintes de bière avec des amis. Et pour ce qui est de votre environnement, pour vous, le confort est bien plus important que le beau temps.

38–45 POINTS

Votre métropole idéale est TOKYO. Vous êtes un(e) utilisateur(trice) averti(e) de hautes technologies et pour vous, la vie doit avancer au rythme des innovations de l'inventivité humaine. Vous êtes d'avis qu'une ville doit avoir une organisation réglée comme une horloge. Vous êtes dévoué(e) à votre travail plus qu'à tout autre aspect de votre vie. Les bâtiments anciens, c'est bien, mais ça n'est rien en comparaison de l'immensité et de la modernité des constructions plus contemporaines. Pour vous, une soirée idéale, c'est d'aller dîner avec quelques collègues après avoir terminé votre journée de travail, puis d'aller faire un petit karaoké ou un peu de shopping, le tout au même endroit.

Quel est votre style de déco?

1. Entourez tous les motifs que vous porteriez sur une pièce vestimentaire majeure.

a) imprimé léopard

b) treillis

c) rayures

d) jacquard

e) fleur de lys

f) fleurs

2. Pour passer un entretien d'embauche, choisir la façon dont on s'habille, c'est **a)** crucial **b)** une prise de tête **c)** important, mais seulement dans la mesure où il ne faut pas avoir l'air d'un clown.

3. Les gens devraient vous apprécier pour **a)** ce que vous êtes **b)** le travail que vous fournissez **c)** votre valeur en tant qu'ami(e).

4. Lorsqu'on vous prend en photo, vous **a)** prenez la pause **b**) essayez de sourire **c)** essayez d'avoir l'air mystérieux.

5. Ce qu'il y a de plus appréciable, c'est d'être **a)** respecté **b)** aimé **c)** ignoré.

6. Les gens qui comptent vraiment dans la vie, c'est **a)** la famille **b)** les amis **c)** les gens qui peuvent vous ouvrir des portes.

7. L'objet le plus important chez vous pour passer de bons moments, c'est **a)** le canapé **b)** la table de la salle à manger **c)** la télévision.

8. Lorsque vous sortez dîner avec un(e) ami(e), vous lui proposez le plus souvent **a)** de découvrir un endroit nouveau et unique **b)** une bonne adresse, où l'on mange bien **c)** un restaurant qui vous semble correspondre aux goûts de cette personne.

9. La décoration d'intérieur, ça consiste à **a)** donner l'air moins dur aux lieux **b)** donner une personnalité aux lieux **c)** s'assurer que les meubles et les murs vont bien ensemble.

10. Si vous allez à une brocante un samedi matin, c'est dans l'espoir de trouver **a)**un vieil objet original **b)** un objet de valeur parmi les vieilleries **c)** quelque chose d'utile.

11. La spontanéité, c'est **a)** un peu effrayant **b)** ce qui met du piment dans la vie **c)** pour les gens qui n'ont aucune classe.

CLÉ

1. **a)** 1 **b)** 1 **c)** 2 **d)** 3 **e)** 3 **f)** 2

2. **a)** 3 **b)** 1 **c)** 2

3. **a)** 2 **b)** 3 **c)** 1

4. **a)** 1 **b)** 2 **c)** 3

5. **a)** 3 **b)** 1 **c)** 2

6. **a)** 2 **b)** 1 **c)** 3

7. **a)** 1 **b)** 3 **c)** 2

8. **a)** 3 **b)** 1 **c)** 2

9. **a)** 2 **b)** 1 **c)** 3

10. **a)** 1 **b)** 3 **c)** 2

11. **a)** 2 **b)** 1 **c)** 3

Total ____

RÉSULTATS

10-15 POINTS

Votre style décoratif est EXPÉRIMENTAL. Ce que vous recherchez avant tout, c'est de prendre des risques, et de voir ce qui donne du pep! Vous n'avez pas peur de faire des innovations. Cela vaut la peine de bousculer les codes pour trouver ce qui peut donner à votre chez-vous un style pas seulement joli, mais époustouflant!

16-21 POINTS

Votre style décoratif est LUDIQUE. Tout dans la vie peut être vu sous un autre angle, et votre but, c'est de trouver ces angles différents. Vous aimez expérimenter, plaisanter, et rendre les choses plus amusantes de façon générale. Vous préférez vous habiller de façon originale, parler de façon originale, et vous différencier des autres – non pas par esprit de contradiction, mais parce que cela apporte un peu de fraîcheur dans la vie. Vous décorez votre maison de la façon dont vous pensez qu'elle amusera ou mettra à l'aise ceux qui y viendront.

22–28 POINTS

Votre style décoratif est DISCRET. De façon générale, vous préférez ne pas vous faire remarquer. Vous avez un petit groupe d'amis proches, et vous ne vous ouvrez pas à beaucoup de gens à part eux. Sans doute êtes-vous plus proche de votre famille que de qui que ce soit. Vous ne voyez aucune raison d'exprimer qui vous êtes en décorant votre maison de façon extravagante. Vous essayez rarement de faire une forte impression, mais préférez essayer de vous débrouiller de votre mieux tout(e) seul(e), sans l'aide de personne.

29–35 POINTS

Votre style décoratif est TRADITIONNEL. Selon vous, il y a des codes à respecter en décoration. Vous cherchez à avoir un style que l'on pourrait qualifier de « classique », respectueux des traditions du passé. Vous êtes attiré(e) par les matériaux robustes comme le bois, plutôt que par les matériaux plus moderne comme l'inox.

36–42 POINTS

Votre style décoratif est HAUT DE GAMME. Vous avez des goûts de luxe dans bien des domaines, et vous êtes constamment à la recherche de la touche de sophistication qui pourra donner encore plus de style à votre maison. Vous espérez que les gens seront impressionnés par votre bon goût et votre sens de l'esthétique. Non seulement vous voulez faire bonne impression, mais vous voulez séduire. Voir des gens est un excellent moyen de se distraire, dans le faste si possible. Votre chez-vous est pensé expressément à l'attention des visiteurs.

Que révèle de vous votre soirée idéale?

1. Vous commencez en général à organiser une sortie **a)** la veille **b)** plusieurs jours à l'avance **c)** le jour même.

2. Le moyen de communication que vous utilisez le plus pour cela est **a)** le texto ou l'e-mail **b)** le téléphone **c)** le face-à-face.

3. S'il faut acheter des billets ou faire des réservations, vous préférez le faire **a)** en arrivant sur les lieux **b)** bien à l'avance **c)** en demandant à quelqu'un d'arriver à vous mettre dans la guest list.

4. Vous pensez à la façon dont vous allez vous habiller **a)** rarement, voire jamais **b)** juste avant de sortir **c)** avant même de savoir ce que vous allez faire.

5. Vous **a)** savez exactement à quelle heure vous rentrerez chez vous **b)** n'avez aucune idée du moment où vous rentrerez chez vous **c)** avez une idée de l'heure à laquelle vous rentrerez, mais restez flexible.

6. Pour rassembler les bonnes personnes le temps d'une soirée, il faut **a)** savoir faire de savants mélanges, comme en chimie **b)** de la chance **c)** suffisamment de monde pour que chacun ait quelqu'un à qui parler.

7. La conversation **a)** c'est la clé d'une soirée réussie **b)** peut parfois prendre un tour gênant, donc mieux vaut avoir quelque chose d'autre pour se distraire **c)** prend lorsque l'ambiance y est propice.

8. S'il y a quelqu'un que vous n'aimez pas **a)** la soirée est presque entièrement gâchée **b)** vous vous contentez de l'ignorer **c)** ça plombe un peu l'ambiance, mais vous essayez de faire avec.

9. Les sorties entre amis sont une excellente occasion de **a)** faire les potins **b)** fuir les potins.

10. Si quelqu'un se joint à votre groupe lors d'une soirée **a)** c'est tant mieux : plus on est de fous, plus on rit! **b)** en général, ça jette un froid **c)** ça ne vous dérange pas, tant que cette personne arrive à s'intégrer.

11. Tout est plus marrant quand **a)** on a bu un verre **b)** on est avec quelqu'un qu'on aime **c)** on est avec des gens qui ont de la répartie.

12. Lorsque vous êtes de sortie, vous voulez que la musique **a)** soit le centre d'attention **b)** rende les choses plus palpitantes **c)** tienne lieu de bande originale en phase avec ce que vous faites d'autre.

13. Pour vous, l'intérêt principal de la soirée doit tenir **a)** à la ou les personnes avec qui vous êtes **b)** à un spectacle d'une sorte ou d'une autre **c)** à un bon repas.

14. Pour ce qui est des dépenses, vous **a)** préférez limiter la casse **b)** êtes prêt(e) à mettre le prix pour passer une vraiment bonne soirée **c)** aurez de toute façon probablement arrêté de compter avant la fin de la soirée, donc c'est difficile à dire.

15. Un événement sportif a toutes les chances d'être **a)** une excellente soirée **b)** une soirée abominable **c)** une façon comme une autre de commencer une soirée.

CLÉ

1. **a)** 2 **b)** 1 **c)** 3	**6.** **a)** 2 **b)** 1 **c)** 3	**11.** **a)** 3 **b)** 1 **c)** 2
2. **a)** 3 **b)** 1 **c)** 2	**7.** **a)** 2 **b)** 3 **c)** 1	**12.** **a)** 1 **b)** 3 **c)** 2
3. **a)** 2 **b)** 1 **c)** 3	**8.** **a)** 1 **b)** 3 **c)** 2	**13.** **a)** 2 **b)** 3 **c)** 1
4. **a)** 2 **b)** 1 **c)** 3	**9.** **a)** 1 **b)** 3	**14.** **a)** 2 **b)** 1 **c)** 3
5. **a)** 1 **b)** 3 **c)** 2	**10.** **a)** 3 **b)** 1 **c)** 2	**15.** **a)** 1 **b)** 2 **c)** 3

Total ____

RÉSULTATS

15-25 POINTS

Votre sortie idéale est une soirée RESTO ET CINÉ. Vous avez un penchant naturel pour les conversations intimes et vous aimez avoir le contrôle des choses. Les situations à trop nombreuses variables peuvent être stressantes pour vous, donc vous essayez d'organiser les choses de façon bien carrée, et de vous tourner vers des activités qui vous sont familières. Même si vous préférez la compagnie des gens que vous connaissez plutôt que de rencontrer des inconnus (même de ceux qui pourraient devenir vos amis), vous aimez prévoir de faire quelque chose de bien précis afin que personne n'ait trop la pression. Pour toutes ces raisons, votre sortie idéale ne se termine en général pas très tard.

26-34 POINTS

Votre sortie idéale est UNE SOIRÉE DANS UN BAR AVEC UN GROUPE D'AMIS. Vous avez un côté très sociable, qui se manifeste surtout dans les moments de détente. Vous n'avez pas l'impression de devoir organiser quoi que ce soit à l'avance, à vrai dire, des plans trop bien établis pourraient même gâcher ce moment à passer entre amis. Vous avez souvent l'impression que les gens ont perdu l'art de la conversation, et vous vous attachez à essayer de le faire renaître. Si vous avez passé une bonne partie de la soirée à rire, c'est le signe qu'elle a été réussie.

35-45 POINTS

Votre sortie idéale est d'aller DANSER, ET QUI SAIT QUOI D'AUTRE? Vous êtes très sociable, au point qu'il vous arrive même de bousculer un peu les autres. Pour vous, une longue soirée pleine d'imprévus et de rebondissements est salvatrice, et laisse de bons souvenirs. Les endroits un peu bruyants ne vous posent aucun problème : vous pouvez toujours changer de point de chute si les choses devenaient un peu répétitives. Cela illustre bien votre personnalité exubérante, même si cela laisse aussi supposer que vous êtes parfois quelqu'un d'impatient.

Quel genre de multimillionnaire seriez-vous ?

1. Votre compte en banque **a)** passe souvent sous la barre du zéro **b)** ne passe jamais sous la barre du zéro **c)** est déjà passé sous la barre du zéro, mais pas souvent.

2. Vous payez le plus souvent **a)** en liquide **b)** par carte de crédit **c)** par chèque.

3. Lorsque votre salaire arrive, vous **a)** le mettez sur votre compte et vous réjouissez d'avoir gagné cet argent **b)** le dépensez immédiatement pour des choses dont vous avez vraiment besoin **c)** le dépensez immédiatement pour des choses dont vous avez vraiment envie.

4. Vous remplissez votre déclaration d'impôt **a)** plus ou moins dans les temps **b)** en retard, en tous cas certaines années **c)** bien avant la date limite.

5. Quand vous étiez petit(e), vous aviez **a)** votre propre compte en banque **b)** une tirelire que vous cassiez après avoir accumulé des petites pièces pendant des années **c)** une tirelire que vous cassiez régulièrement.

6. Vous mangez au restaurant **a)** aussi souvent que possible **b)** rarement, voire jamais **c)** lorsque vous n'avez pas le temps de faire la cuisine.

7. Le repas idéal, c'est **a)** un sandwich comme vous les aimez **b)** une bonne grillade de bœuf saignante **c)** quelque chose à base de féculents, comme des pâte.

8. Vous faites la vaisselle **a)** quelques heures après avoir fait la cuisine, ou le lendemain **b)** à un moment ou à un autre **c)** immédiatement après avoir fait la cuisine.

9. Vous faites la cuisine pour les autres **a)** tout le temps **b)** rarement, voire jamais **c)** de temps en temps.

10. Lorsque vous voyez une émission culinaire à la télévision, montrant la préparation d'un repas alléchant, vous **a)** essayez d'en trouver les ingrédients dès que vous le pouvez **b)** cherchez un restaurant qui propose quelque chose de semblable **c)** vous morfondez en vous disant que vous êtes nul(le) en cuisine.

11. En avion, la première classe **a)** c'est vraiment très, très cher **b)** ça vaut la peine d'y mettre le prix, sur certains vols en tous cas **c)** c'est pour les gens qui se croient plus importants qu'ils ne le sont

12. Lorsque vous avez 15 jours de vacances, ce qui vous tient le plus à cœur, c'est **a)** de voir des amis **b)** d'aller dans un endroit intéressant **c)** de prendre quelques jours de repos total

13. Vous voyagez **a)** léger **b)** avec plusieurs valises **c)** avec ce qui est nécessaire, plus un peu de rab

14. Lorsque vous partez en voyage, vous emmenez vos animaux avec vous **a)** parfois **b)** toujours **c)** rarement, voire jamais

15. Vous achetez des souvenirs de voyage **a)** rarement, voire jamais **b)** le plus souvent, surtout pour vous-même **c)** le plus souvent, surtout pour vos amis

CLÉ

1. **a)** 3 **b)** 1 **c)** 2	**7.** **a)** 2 **b)** 3 **c)** 1	**13.** **a)** 1 **b)** 3 **c)** 2
2. **a)** 3 **b)** 2 **c)** 1	**8.** **a)** 2 **b)** 3 **c)** 1	**14.** **a)** 2 **b)** 3 **c)** 1
3. **a)** 2 **b)** 1 **c)** 3	**9.** **a)** 3 **b)** 1 **c)** 2	**15.** **a)** 2 **b)** 3 **c)** 1
4. **a)** 2 **b)** 3 **c)** 1	**10.** **a)** 2 **b)** 3 **c)** 1	
5. **a)** 1 **b)** 2 **c)** 3	**11.** **a)** 3 **b)** 2 **c)** 1	
6. **a)** 3 **b)** 1 **c)** 2	**12.** **a)** 1 **b)** 3 **c)** 2	Total ____

RÉSULTATS

15-20 POINTS

Si vous étiez multimillionnaire, vous seriez DISCRET(E). Vous avez toujours été très raisonnable, et même si vous savez apprécier les choses les plus raffinées, vous n'aimez pas l'excès. Quelles que soient les sommes dont vous disposeriez, vous prendriez garde à ce qu'elles soient investies avec prudence : les choses peuvent changer, et on n'est jamais trop préparé aux imprévus. Vous êtes trop lucide sur ce qui est important dans la vie pour vous laisser griser par le désir de frimer.

21-26 POINTS

Si vous étiez multimillionnaire, vous seriez MODÉRÉ ET CHARITABLE. Vous dépenseriez un peu, mais pas pour vous donner une apparence. Vous préféreriez fonder une bibliothèque, ou faire des dons pour une cause qui vous est chère. Et vous ne feriez même pas poser de plaque avec votre nom dessus : si vous avez beaucoup d'argent, c'est tout à fait normal d'en faire profiter les autres.

27-33 POINTS

Si vous étiez multimillionnaire, vous seriez UN PEU TAPE-À-L'ŒIL. Vous êtes suffisamment discipliné(e) pour faire attention à l'argent, mais vous n'auriez pas de complexes à porter une grosse montre en or et à rouler toutes fenêtres ouvertes dans votre BMW dernier cri. D'ailleurs, montrer aux autres que vous faites partie de l'élite est une manière de vous faire respecter. Mais cela ne vous empêcherait pas de bien traiter les gens qui vous entourent : ils le méritent bien.

34-39 POINTS

Si vous étiez multimillionnaire, vous seriez FLAMBEUR(EUSE). Peut-être ne dépenseriez-vous pas tout votre argent tout de suite, mais vous auriez du mal à le garder très longtemps. Vous avez en tête une longue liste de ce que vous achèteriez sans attendre : maison, voiture, vêtements, et vous distribueriez des gros chèques à tous ceux qui ont déjà fait preuve de bonté avec vous. Vous essaieriez de mettre un peu de côté, mais vous passeriez tout de même la majeure partie de votre temps à dépenser.

40-45 POINTS

Si vous étiez multimillionnaire, vous seriez TOTALEMENT EXTRAVAGANT(E). Vous êtes du genre à prendre des risques, et vous voulez que le monde vous appartienne. Aujourd'hui déjà, vous échangeriez volontiers un peu d'argent contre un peu plus de confort, alors imaginez un peu les sommes que vous seriez capable de dépenser si vous étiez riche ! Vous êtes prêt(e) à investir ce qu'il faut pour pouvoir mener la vie comme bon vous semble. Par ailleurs, dépenser de l'argent pour vous-même vous semble toujours un bon investissement. Vous vivez avec une philosophie très *carpe diem* : autant dépenser votre argent tant que vous l'avez !

Que révèlent de vous vos goûts culinaires ?

1. Pour relever un plat, vous avez tendance à ajouter **a)** de la sauce pimentée **b)** du Tabasco **c)** du poivre.

2. Vous préférez **a)** la salsa douce **b)** la salsa épicée **c)** la salsa à la mangue.

3. Sur un menu, les petits piments figurant à côté du nom des plats menu sont **a)** un bon indicateur **b)** un bon avertissement **c)** alléchants.

4. Lorsque vous cuisinez épicé, vous suivez **a)** la recette, à la lettre **b)** votre instinct **c)** la recette, plus ou moins.

5. Vous préférez **a)** le riz **b)** les pâtes **c)** un autre féculent.

6. Un repas n'est pas complet sans **a)** un morceau de viande en plat principal **b)** une entrée **c)** un dessert.

7. Les accompagnements **a)** sont là essentiellement pour compléter le plat principal **b)** doivent juste être bons **c)** n'ont pas grande importance dans un repas.

8. Vous aimez les plats **a)** que vous savez déjà apprécier **b)** qui vous font découvrir de nouvelles saveurs **c)** qui sont des plats traditionnels préparés dans les règles de l'art.

9. La friture, c'est **a)** trop lourd **b)** ce qu'il y a de meilleur **c)** parfois bon.

10. Les plats au four, c'est **a)** sans originalité **b)** souvent très bon, en fonction du plat **c)** bon et sain.

11. Lorsque vous faites la cuisine, vous utilisez **a)** le nombre de plats dont vous avez besoin **b)** un très grand nombre de plats **c)** aussi peu de plats que possible.

12. Lorsque vous choisissez un plat sur un menu, cela vous prend en général **a)** environ trente secondes **b)** jusqu'à plusieurs minutes **c)** pas de temps du tout : vous savez ce que vous voulez avant d'avoir regardé.

13. Lorsque vous mettez le couvert **a)** vous mettez la panoplie complète d'ustensiles à chaque repas **b)** vous choisissez les ustensiles en fonction de ce que vous allez manger **c)** vous vous contentez d'une fourchette.

14. Pour ce qui est des condiments **a)** vous en sortez beaucoup pour qu'il y ait du choix **b)** vous sortez le sel et le poivre **c)** vous n'en sortez pas : le repas est bon tel qu'il est.

15. La garniture, c'est **a)** le secret des repas bien présentés **b)** parfois agréable, mais pas très important **c)** inutile.

16. L'éclairage de la pièce dans laquelle vous mangez, c'est **a)** sans aucune importance **b)** une chose qui mérite qu'on y prête attention **c)** si on y voit assez clair, c'est tout ce qui compte.

CLÉ

1. **a)** 3 **b)** 2 **c)** 1	**7.** **a)** 3 **b)** 2 **c)** 1	**13.** **a)** 2 **b)** 3 **c)** 1
2. **a)** 1 **b)** 3 **c)** 2	**8.** **a)** 1 **b)** 3 **c)** 2	**14.** **a)** 3 **b)** 1 **c)** 2
3. **a)** 2 **b)** 1 **c)** 3	**9.** **a)** 1 **b)** 2 **c)** 3	**15.** **a)** 2 **b)** 3 **c)** 1
4. **a)** 1 **b)** 3 **c)** 2	**10.** **a)** 1 **b)** 3 **c)** 2	**16.** **a)** 1 **b)** 3 **c)** 2
5. **a)** 2 **b)** 1 **c)** 3	**11.** **a)** 2 **b)** 3 **c)** 1	
6. **a)** 1 **b)** 3 **c)** 2	**12.** **a)** 2 **b)** 3 **c)** 1	Total ____

RÉSULTATS

16-26 POINTS

Vous êtes PRUDENT(E). Les conventions vous offrent des repères fiables, ce que vous appréciez. Il y a bien certaines expériences intéressantes à faire, mais vous vous connaissez déjà suffisamment bien, et bien souvent, cela ne vaut pas la peine de s'exposer à des sensations bizarres juste pour pouvoir dire qu'on a fait quelque chose qui sort de l'ordinaire. Ce n'est pas que vous soyez réfractaire au changement, mais vous n'y consentez qu'après mûre réflexion. Les changements doivent être progressifs et choisis en toute conscience, et en général, ils ne valent pas vraiment la peine de prendre des risques.

27-37 POINTS

Vous AIMEZ FAIRE DE NOUVELLES EXPÉRIENCES. Vous êtes très curieux(se) du monde qui vous entoure, et lorsque vous remarquez quelque chose de nouveau et d'unique, vous êtes en général candidat(e) pour vous y essayer. Non pas que vous sautiez à pieds joints dans l'inconnu, mais vous essayez de créer les conditions pour pouvoir faire vos essais tranquillement. Il est bien possible que vous ayez en tête une liste de choses que vous aimeriez expérimenter un jour ou l'autre.

38-48 POINTS

Vous êtes TRÈS AVENTUREUX(SE). Vous adorez l'expérimentation et vous vous considérez comme quelqu'un d'ouvert. Et les possibilités qui s'offrent à vous doivent elles aussi se montrer ouvertes, ne serait-ce que pour rendre la vie un peu plus palpitante! La seule chose qui vous empêche de faire une nouvelle expérience est que l'occasion ne s'en présente pas, et lorsque l'occasion s'en présente, vous ne la ratez pas. Vous êtes fier(ère) des choses inhabituelles que vous avez faites, et vous avez hâte d'en allonger la liste. En attendant, prendre quelques risques ne vous fait pas peur.

Passez-vous trop de temps sur le Net?

1. Sur votre réseau social en ligne préféré, vous avez **a)** entre un et trois cents amis **b)** zéro ami : vous n'êtes inscrit sur aucun réseau social en ligne **c)** plus de trois cents amis.

2. Sur les forums de discussion, vous avez **a)** beaucoup d'amis, même si vous ne les avez jamais rencontrés en personne **b)** un ou deux amis **c)** aucun ami.

3. Vos amis les plus proches passent **a)** à peu près autant de temps que vous sur Internet **b)** un temps impressionnant sur Internet **c)** pas beaucoup de temps sur Internet.

4. Vous mettez votre statut à jour, sur un site ou un autre **a)** plusieurs fois par jour **b)** rarement, voire jamais **c)** juste de temps en temps.

5. Vous avez tendance à donner rendez-vous à vos amis **a)** par e-mail **b)** sur un blog ou un réseau social en ligne **c)** en face-à-face ou au téléphone.

6. Vous avez **a)** un site ou un blog que vous alimentez tous les jours **b)** pas de site ou de blog, ou alors un que vous alimentez rarement **c)** un site ou un blog que vous alimentez plusieurs fois par jour.

7. Votre métier nécessite d'être connecté à Internet **a)** toute la journée **b)** rarement, voire jamais **c)** de temps en temps.

8. Vous payez **a)** quelques factures en ligne **b)** toutes vos factures en ligne **c)** aucune facture en ligne.

9. Au travail, votre boîte mail est ouverte **a)** en permanence **b)** rarement, voire jamais **c)** parfois.

10. Lorsque vous recevez un nouveau message, vous **a)** le regardez au bout d'un moment **b)** le lisez en même temps que plusieurs autres, après les avoir laissés s'accumuler pendant plusieurs heures **c)** le regardez dès que possible.

11. Vous lisez les informations **a)** toujours ou presque toujours sur Internet **b)** dans un journal **c)** rarement, voire jamais.

12. Lorsque vous souhaitez acheter des objets d'occasion, vous pensez en premier lieu **a)** aux sites de ventes aux enchères en ligne **b)** aux dépôts-ventes **c)** aux sites de petites annonces en ligne.

13. Vous êtes fidèle à **a)** deux ou trois sites Internet que vous consultez chaque jour **b)** plus de trois sites Internet que vous consultez chaque jour **c)** aucun site Internet en particulier.

14. Lorsque vous prenez un repas seul(e), vous le faites le plus souvent **a)** en lisant un livre ou le journal **b)** devant la télévision **c)** devant l'ordinateur.

15. Lorsque vous n'avez pas accès à Internet, vous **a)** vous rendez compte que le plus souvent, vous passez de bons moments **b)** avez un peu de mal à vous distraire **c)** ne pouvez pas vous empêcher de penser à tout ce que vous voulez faire dès que vous pourrez enfin vous connecter.

CLÉ

1. **a)** 2 **b)** 1 **c)** 3	**7.** **a)** 3 **b)** 1 **c)** 2	**13.** **a)** 2 **b)** 3 **c)** 1
2. **a)** 3 **b)** 2 **c)** 1	**8.** **a)** 2 **b)** 3 **c)** 1	**14.** **a)** 1 **b)** 2 **c)** 3
3. **a)** 2 **b)** 1 **c)** 3	**9.** **a)** 3 **b)** 1 **c)** 2	**15.** **a)** 1 **b)** 2 **c)** 3
4. **a)** 3 **b)** 1 **c)** 2	**10.** **a)** 2 **b)** 1 **c)** 3	
5. **a)** 2 **b)** 3 **c)** 1	**11.** **a)** 3 **b)** 1 **c)** 2	
6. **a)** 2 **b)** 1 **c)** 3	**12.** **a)** 2 **b)** 1 **c)** 3	Total ____

RÉSULTATS

15-20 POINTS

Vous êtes HOSTILE À INTERNET. Que vous n'ayez pas grandi avec les ordinateurs ou que vous ne les aimiez tout simplement pas, Internet ne fait pas partie de votre vie. Tout ce que vous avez pu lire, avec ces mots étranges et toute cette technologie obscure, n'a fait que vous plonger dans l'embarras, et pour être honnête, ça ne vous fait ni chaud ni froid. Passer trop de temps sur Internet? Vous êtes bien à l'abri d'avoir ce problème!

21-26 POINTS

Vous êtes un(e) INTERNAUTE OCCASIONNEL(LE). Il se peut que vous vous serviez parfois d'Internet pour aller rechercher une information, mais ce n'est pas votre tasse de thé. Sans-doute vous en méfiez-vous un peu plus que nécessaire, mais l'avantage, c'est que vous n'êtes pas collé(e) à un écran douze heures par jour ! Vous préservez votre indépendance par rapport à cette machine qui peut être extrêmement chronophage.

27-33 POINTS

Vous êtes un(e) UTILISATEUR(TRICE) QUOTIDIEN(NE) d'Internet. Vous vous servez beaucoup de cet outil bien pratique, que ce soit chez vous ou sur votre lieu de travail. Cela facilite beaucoup de choses, du shopping à la communication en passant par l'information. Qui plus est, vous avez parfois envie de partager vos pensées avec le monde. Mais vous prenez garde à ne pas tomber dans l'excès : il y a beaucoup choses dans la vie qui ne passent pas par une connexion à Internet.

34-39 POINTS

Vous êtes CYBERDÉPENDANT(E). Votre dépendance à Internet est reconnue. Il semble souvent que tous les aspects de votre vie, de manière générale, soient conditionnés par un ordinateur doté d'une connexion à très haut débit. Internet sert à s'informer, à se distraire : il vous est tout simplement indispensable ! Vous avez du mal à imaginer comment vous pourriez survivre sans. Même s'il vous arrive parfois de souhaiter être moins dépendant à Internet, vous avez bien du mal à vous déconnecter !

40-45 POINTS

Vous êtes ACCRO À INTERNET. Ce n'est même plus que vous passez trop de temps sur Internet : vous êtes connecté(e) du matin au soir, absolument en permanence. Si vous devez sortir de chez vous, vous restez connecté(e) sur votre téléphone portable. Ainsi, où que vous soyez, vous pouvez travailler, communiquer, et vous tenir informé(e). Même de courts moments sans Internet (comme par exemple lorsque vous prenez une douche) peuvent être source de stress pour vous.

Quel effet votre voix a-t-elle sur les autres?

1. Votre voix est **a)** douce **b)** rauque **c)** quelque part entre les deux.

2. Votre voix est **a)** un peu nasale **b)** très nasale **c)** pas du tout nasale.

3. Votre voix est particulièrement **a)** masculine **b)** féminine **c)** neutre.

4. Lorsque vous chantez, vous avez une voix **a)** harmonieuse **b)** discordante **c)** correcte, mais vous ne chantez pas souvent donc c'est difficile à dire.

5. Quand vous prenez un ton de colère, vous **a)** mugissez **b)** imposez le respect **c)** avez du mal à avoir l'air sérieux.

6. Les gens vous disent que vous avez un fort accent **a)** rarement, voire jamais **b)** parfois **c)** tout le temps.

7. Lorsque vous êtes en famille, vous **a)** vous surprenez à parler comme eux **b)** vous surprenez à utiliser quelques mots qui vous viennent d'eux **c)** ne prenez pas du tout les intonations familiales.

8. Lorsque vous parlez à quelqu'un d'important, vous **a)** avez conscience de l'accent que vous pouvez avoir, mais ne modifiez pas trop votre façon de parler **b)** essayez d'effacer l'accent que vous pouvez avoir **c)** ne pensez pas du tout à votre voix.

9. Lorsque vous vous mettez en colère, vous avez tendance à **a)** crier **b)** hausser un peu le ton **c)** parler avec un ton normal, juste un peu plus fermement.

10. Chez les autres, vous trouvez qu'un accent, c'est **a)** sexy ou intrigant **b)** difficile à comprendre **c)** sans effet.

11. Vous ponctuez vos paroles de mots comme « tu vois », « je veux dire », ou « ok » **a)** tout le temps **b)** pas trop souvent **c)** parfois.

12. Vous faites une pause au milieu de vos phrases **a)** rarement, voire jamais **b)** souvent **c)** parfois.

13. Vous parlez **a)** lentement **b)** à un rythme normal **c)** vite.

14. Vous vous raclez la gorge **a)** parfois **b)** pas trop souvent **c)** souvent.

15. Vous **a)** êtes très doué(e) en imitation **b)** savez faire quelques imitations **c)** ne savez pas faire d'imitations du tout.

CLÉ

1. **a)** 3 **b)** 1 **c)** 2	**7.** **a)** 3 **b)** 2 **c)** 1	**13.** **a)** 1 **b)** 2 **c)** 3
2. **a)** 2 **b)** 3 **c)** 1	**8.** **a)** 2 **b)** 3 **c)** 1	**14.** **a)** 2 **b)** 1 **c)** 3
3. **a)** 3 **b)** 3 **c)** 2	**9.** **a)** 3 **b)** 1 **c)** 2	**15.** **a)** 3 **b)** 2 **c)** 1
4. **a)** 1 **b)** 3 **c)** 2	**10.** **a)** 2 **b)** 3 **c)** 1	
5. **a)** 3 **b)** 2 **c)** 1	**11.** **a)** 3 **b)** 1 **c)** 2	
6. **a)** 3 **b)** 1 **c)** 2	**12.** **a)** 1 **b)** 3 **c)** 2	Total ____

RÉSULTATS

15–25 POINTS

Votre voix montre que vous êtes DÉTENDU(E). Vous êtes d'humeur égale et de nature aimable. Vous réfléchissez avant de parler, et vous savez entretenir une conversation avec intuition. Votre voix est agréable à l'oreille, elle manifeste une grande quiétude intérieure.

26–34 POINTS

Votre voix montre que vous êtes PLUTÔT PONDÉRÉ. Votre voix est agréable à entendre pour les autres, ce qui ne vous empêche pas de leur faire savoir quand vous êtes très heureux(se) ou très contrarié(e), vous êtes donc excellent(e) pour communiquer.

35–45 POINTS

Votre voix montre que vous êtes TRÈS ÉMOTIF(VE). Vous vous maîtrisez peu lorsque vous êtes euphorique ou au contraire déçu(e). Votre voix a de nombreux registres différents, et vous en changez souvent. Vous riez facilement.

Quel est votre péché mignon?

1. Dans la liste suivante, entourez les choses que vous faites au moins une fois par mois. **a)** regarder la télé ou aller sur Internet tout en parlant au téléphone avec un proche ou un(e) ami(e) **b)** faire un écart de régime **c)** travailler ou réviser après minuit **d)** acheter quelque chose d'un peu au-dessus de vos moyens, pour vous faire plaisir **e)** ressentir un fort esprit de compétition avec un(e) camarade de classe ou un(e) collègue.

2. Vous prenez un dessert **a)** à la fin de votre dîner **b)** quand vous êtes anxieux(se) **c)** rarement.

3. Les choses agréables sont plus appréciables lorsque **a)** on peut les faire tout le temps **b)** on les réserve à certaines occasions **c)** on les fait aussi souvent que l'on en a envie.

4. Lorsque vous avez un coup de cœur pour une chanson, vous **a)** l'écoutez en boucle, jusqu'à ce que vous vous en lassiez **b)** l'écoutez juste assez pour pouvoir continuer à l'apprécier **c)** la faites écouter à tous vos amis.

5. Lorsque vous recevez des compliments, vous vous sentez **a)** gratifié(e) **b)** un peu mal à l'aise d'être le centre de l'attention **c)** vraiment comblé(e) intérieurement

6. Les meilleurs repas, ce sont **a)** toujours ceux que vous préparez vous-même **b)** en général, les plus riches et les plus lourds **c)** ceux qui sont préparés par quelqu'un d'autre.

7. Lorsque vous êtes dans la salle d'attente chez le médecin, vous **a)** lisez un magazine **b)** faites des projets dans votre tête **c)** mangez.

8. Un week-end de repos, c'est le moment idéal pour **a)** rattraper le retard de jardinage ou de ménage **b)** rester dans le canapé à se détendre **c)** aller faire les magasins.

9. Lorsque vous faites un long trajet en voiture seul(e), en général, vous **a)** trouvez une station de radio qui vous convient et restez dessus **b)** changez de fréquence en permanence **c)** passez quelques coups de fil sur votre portable.

10. Lorsque vous êtes sur le point de terminer votre journée de travail, vous **a)** vous demandez s'il n'y aurait pas encore quelque chose que vous devriez faire avant de rentrer chez vous **b)** filez directement chez vous **c)** envisagez d'aller vous chercher quelque chose à manger.

11. Lorsque vous accompagnez quelqu'un dans un centre commercial, en général, vous **a)** regardez en l'air pendant que l'autre personne fait ses courses **b)** conseillez cette personne sur ses achats **c)** pensez à ce que vous avez à acheter pour vous-même, et partez à sa recherche.

CLÉ

1. **a)** 1 **b)** 2 **c)** 3 **d)** 2 **e)** 3

2. **a)** 3 **b)** 2 **c)** 1

3. **a)** 1 **b)** 3 **c)** 2

4. **a)** 1 **b)** 2 **c)** 3

5. **a)** 1 **b)** 2 **c)** 3

6. **a)** 3 **b)** 2 **c)** 1

7. **a)** 1 **b)** 3 **c)** 2

8. **a)** 3 **b)** 1 **c)** 2

9. **a)** 1 **b)** 2 **c)** 3

10. **a)** 3 **b)** 1 **c)** 2

11. **a)** 1 **b)** 3 **c)** 2

Total ____

RÉSULTATS

10–17 POINTS

Vous êtes EXTRÊMEMENT DISCIPLINÉ(E), et vous n'avez pas de petites faiblesses. Vous savez incroyablement bien vous maîtriser, et vous gérez très bien votre vie. Vous avez conscience que l'équilibre est une chose positive, et vous savez vous abstenir de faire quelque chose trop souvent juste parce que c'est agréable : même les meilleures choses dans la vie ont moins de saveur si on en abuse. Vous êtes patient(e) et mesuré(e).

18–25 POINTS

Votre petite faiblesse est la DISTRACTION. Vous avez tendance à laisser votre esprit vagabonder lorsque vous ne vous sentez pas vraiment concerné par une conversation ou un événement. Même si cela peut être une bonne échappatoire dans des moments ennuyeux, vous passez également à côté de beaucoup de choses en vous isolant dans vos pensées. Si vous débranchiez moins souvent votre radar mental, vous pourriez percevoir des choses auxquelles vous ne vous attendez pas.

26-33 POINTS

Votre petite faiblesse est LA GRATIFICATION IMMÉDIATE. Vous êtes avide de satisfaction, et vous la recherchez constamment à travers le plaisir. Vous pensez à ce qui pourrait vous apporter du bien-être sur le moment présent plutôt qu'à ce qui pourrait vous rendre plus heureux(se) à long terme. Vous êtes parfois impatient(e), et sans doute arrive-t-il régulièrement que vous regrettiez certaines de vos actions, ou même beaucoup d'entre elles. Essayez de penser à votre « moi futur » comme à quelqu'un qui mérite aussi le respect afin d'aider votre « moi présent » à se montrer un peu plus pondéré.

34-41 POINTS

Votre petite faiblesse est l'ORGUEIL. Vous avez un faible pour les compliments, et il vous arrive d'essayer volontairement de vous en attirer. On ne vous dit jamais assez combien vous êtes intelligent(e), doué(e), ou séduisant(e). Ce penchant vous conduit parfois à vraiment pousser le bouchon très loin pour être reconnu(e) par les autres. Ce type de faiblesse peut nuire à votre capacité à être satisfait(e) : essayez d'avoir conscience des limites à ne pas dépasser !

Lequel des cinq sens vous est le plus essentiel ?

1. Parmi les phrases suivantes, lesquelles s'appliquent à vous ? Répondez par oui ou par non. **a)** Vous portez des lunettes ou des lentilles de contact à fort indice de correction. _______ **b)** Vous avez le réflexe de sentir les aliments pour vérifier qu'ils sont encore frais. _______ **c)** Vous aimez (au moins un peu) lire des graphiques et des tableaux. _______ **d)** Vous préférez écouter les informations à la radio plutôt que de les lire dans les journaux. _______ **e)** Vous rajoutez souvent du sel, du poivre ou d'autres épices dans votre assiette. _______

2. Vous écoutez de la musique avec le volume à fond en voiture ou lorsque vous marchez **a)** souvent **b)** rarement, voire jamais **c)** parfois.

3. Lorsqu'il s'agit de lire une carte, vous êtes **a)** totalement perdu(e) **b)** assez doué(e) **c)** dans votre élément.

4. Lorsque quelqu'un vous demande son chemin, vous le lui indiquez en prenant principalement pour repères **a)** des rues **b)** des bâtiments **c)** des magasins.

5. Vous vous inquiétez que votre voiture fasse des bruits inhabituels **a)** rarement, voire jamais **b)** parfois **c)** souvent.

6. Si un inconnu vous prenait en photo dans la rue, cela **a)** vous ennuierait **b)** vous serait égal **c)** vous flatterait.

7. L'intérêt principal d'écouter de la musique en live, c'est **a)** le volume **b)** la présence des musiciens **c)** l'excitation de la foule

8. Votre format préféré de musique, c'est **a)** les MP3 **b)** les CD **c)** les disques vinyle.

9. Lorsque vous écoutez de la musique, le plus souvent **a)** vous écoutez très attentivement **b)** vous faites autre chose en même temps, comme la cuisine ou le ménage **c)** vous vous détendez avec des amis.

10. Votre caractéristique préférée d'une chanson, c'est **a)** sa mélodie **b)** son rythme **c)** son timbre (le son des instruments).

11. Vous vous intéressez à la vie personnelle de vos musiciens préférés **a)** de très près **b)** plus ou moins **c)** rarement, voire jamais.

12. Vous mémorisez les noms des gens **a)** très bien **b)** plutôt bien **c)** difficilement.

13. Les dates historiques, c'est **a)** facile à retenir **b)** plutôt difficile à retenir **c)** extrêmement difficile à retenir.

14. Dans vos études, vous reten(i)ez principalement les informations en **a)** écoutant quelqu'un parler **b)** faisant quelque chose vous-même **c)** lisant.

15. Dans votre tête, vous avez le plus de facilité à vous rappeler **a)** des voix bien précises **b)** des goûts bien précis **c)** des visages bien précis.

16. Lorsque vous évoquez vos souvenirs avec vos amis ou votre famille, vous préférez **a)** raconter des anecdotes **b)** regarder des photos **c)** regarder des vieilles vidéos.

17. Vous préférez les musées **a)** modernes **b)** classiques **c)** aucun musée : vous n'aimez pas ça.

18. La discipline artistique que vous appréciez le mieux, c'est **a)** la photographie **b)** la peinture **c)** la sculpture.

19. Dans votre maison, une œuvre artistique aura sa place **a)** dans la cuisine **b)** dans le salon **c)** dans la chambre.

20. Laquelle des choses suivantes qualifieriez-vous le plus volontiers d'œuvre d'art ? **a)** un excellent repas **b)** un excellent jeu vidéo **c)** un excellent film.

21. Selon vous, les artistes devraient s'efforcer de créer des choses **a)** nouvelles et étonnantes **b)** exceptionnellement belles **c)** pourvues de signification politique.

CLÉ

1. **a)** oui, 1 point ; non, 3 points
b) oui, 1 point ; non, 3 points
c) oui, 3 points ; non, 1 point
d) oui, 1 point ; non, 3 points
e) oui, 1 point ; non, 3 points

2. **a)** 3 **b)** 1 **c)** 2

3. **a)** 1 **b)** 2 **c)** 3

4. **a)** 3 **b)** 1 **c)** 2

5. **a)** 3 **b)** 1 **c)** 2

6. **a)** 2 **b)** 1 **c)** 3

7. **a)** 1 **b)** 3 **c)** 2

8. **a)** 2 **b)** 3 **c)** 1

9. **a)** 2 **b)** 3 **c)** 1

10. **a)** 3 **b)** 1 **c)** 2

11. **a)** 3 **b)** 2 **c)** 1

12. **a)** 2 **b)** 1 **c)** 3

13. **a)** 3 **b)** 2 **c)** 1

14. **a)** 2 **b)** 1 **c)** 3

15. **a)** 2 **b)** 1 **c)** 3

16. **a)** 2 **b)** 3 **c)** 1

17. **a)** 3 **b)** 1 **c)** 2

18. **a)** 3 **b)** 2 **c)** 1

19. **a)** 2 **b)** 3 **c)** 1

20. **a)** 2 **b)** 1 **c)** 3

21. **a)** 1 **b)** 3 **c)** 2

Total ____

RÉSULTATS

25-35 POINTS

Le sens qui domine chez vous est LE TOUCHER. Vous avez un rapport très direct avec ce qui vous entoure, et vous préférez le contact immédiat. Vous ne croyez vraiment aux choses que lorsque vous pouvez les tenir dans votre main. Vous êtes très sensible aux textures et la proximité avec les autres gens ne vous dérange pas. Lorsque vous écoutez de la musique, vous avez tendance à en marquer le rythme avec votre corps.

36-45 POINTS

Le sens qui domine chez vous est LE GOÛT. Vous prenez beaucoup de plaisir à manger, et peu d'aliments vous effraient. Qui plus est, lorsque vous mangez, vous prêtez particulièrement attention aux saveurs, et il se peut bien que vous soyez un fin cordon-bleu!

La proximité avec des choses non comestibles, comme des ordures, vous est extrêmement désagréable.

46-55 POINTS

Le sens qui domine chez vous est L'ODORAT. Comme les gens chez qui le goût prédomine, la nourriture occupe une place importante dans votre vie. Mai vous avez également un odorat très développé dans d'autres domaines. Vous être très sensible à l'odeur des gens, et vous êtes toujours le(la) premier(ère) à percevoir les signes olfactifs de danger, comme une fuite de gaz, par exemple.

56-65 POINTS

Le sens qui domine chez vous est L'OUÏE. Vous avez une perception très fine des signaux sonores, et il vous arrive souvent de vous fier à eux pour rester vigilant sur ce qui se passe autour de vous. Lorsque vous écoutez de la musique, vous êtes très touché(e) par la texture des sons, sans doute encore plus que par la mélodie ou le rythme. Vous appréciez beaucoup les gens qui ont une belle voix, que ce soit lorsqu'ils parlent ou lorsqu'ils chantent.

66-75 POINTS

Le sens qui domine chez vous est LA VUE. Vous êtes quelqu'un de très analytique et rationnel, et il est fort possible que vous soyez très doué(e) en mathématiques et en sciences. Vous demandez à voir les choses afin de mieux les comprendre, et vous avez souvent l'impression que les choses que vous ne pouvez pas voir n'existent pas. Vous trouvez la musique et l'art agréables et accessibles, mais vous avez tendance à ne pas les ressentir de manière très forte.

Chapitre **4**

VOUS + VOTRE CARRIÈRE

Pour quoi êtes-vous le plus doué(e)?

1. Relisez la note suivante. Combien d'erreurs trouvez-vous?

À l'attention des personnes concernées du service comptabilité,

M. Berthon demande que lui soient transmis un rapport sur le dossier Wilson demain matin au plus tard.
Selon lui, si nous n'agissons pas très rapidement, nous risquons de perdre notre plus gros clients. M. Berthon sera présent dès 8h à son bureau.
Le service comptabilité doit prendre son entière responsabilitée sur ce dossier. Nous comptons sur votre
réactivité Il s'agit d'un point décisif.

Cordialement,

Delphine.

2. Vous êtes plutôt le genre de personne à **a)** organiser une réunion **b)** vous endormir pendant une réunion **c)** avoir une idée à une réunion.

3. Les réunions sont plus efficaces lorsqu'elles sont **a)** brèves et chaleureuses **b)** animées par un peu d'humour **c)** ouvertes à la contribution de chacun.

4. L'ordre du jour **a)** n'est jamais suivi de toute façon **b)** est un repère très important **c)** rend les réunions laborieuses.

5. Les réunions, ça sert à **a)** donner l'occasion aux dirigeants de blablater **b)** permettre à tout le monde de se voir en face-à-face **c)** se concerter sur des points bien précis.

6. La salle de réunion idéale aurait **a)** des sièges extrêmement confortables **b)** un écran de projection afin que tout le monde puisse centrer son attention sur la même chose **c)** un tableau pour les brainstormings.

7. Lorsqu'on vous confie un nouveau projet, en général, vous **a)** ronchonnez **b)** feignez l'enthousiasme **c)** êtes flatté(e).

8. Lorsqu'on vous confie une tâche, vous **a)** faites exactement comme on vous a dit **b)** consultez vos collègues pour essayer de trouver des idées **c)** essayez d'ajouter une touche personnelle au produit fini.

9. Vous préférez **a)** les projets courts qui peuvent être terminés rapidement **b)** les projets qui vous laissent le temps de creuser, mais que vous pouvez terminer avant de vous lasser **c)** les projets longs sans date butoir définie.

10. Lorsque vous collaborez sur un projet avec des collègues, vous **a)** vous intéressez moins à leur contribution qu'à leur talent **b)** avez souvent l'impression que les choses seraient plus simples si vous étiez seul(e) aux commandes **c)** restez souvent en retrait par timidité.

11. Lorsque vous travaillez avec une personne située plus bas que vous dans la hiérarchie, vous **a)** êtes souvent agacé(e) par son incompétence **b)** faites tout votre possible pour lui apprendre quelque chose **c)** essayez de déterminer ce que cette personne peut apporter.

CLÉ

1. Pour chaque erreur trouvée, comptez 3 points. **Erreurs :** **1.** « À l'attention des personnes concernées » **2.** « Mr Berthon demande que lui soit transmis un rapport » **3.** « notre plus gros client » (sans s) **4.** prendre son entière responsabilité » (sans e) **5.** « Nous comptons sur votre réactivité. Il s'agit d'un point décisif. » (ponctuation).

2. **a)** 2 **b)** 3 **c)** 1

3. **a)** 3 **b)** 1 **c)** 2

4. **a)** 2 **b)** 3 **c)** 1

5. **a)** 1 **b)** 2 **c)** 3

6. **a)** 1 **b)** 3 **c)** 2

7. **a)** 3 **b)** 2 **c)** 1

8. **a)** 3 **b)** 2 **c)** 1

9. **a)** 2 **b)** 3 **c)** 1

10. **a)** 1 **b)** 3 **c)** 2

11. **a)** 3 **b)** 2 **c)** 1

Total ____

RÉSULTATS

10-21 POINTS

Votre point fort dans le monde du travail est LA CRÉATIVITÉ. De votre esprit très fertile fusent beaucoup d'idées, et vous cherchez sans cesse les manières novatrices de voir les choses qui auraient pu être négligées par les autres. Vous avez donc la possibilité d'apporter une contribution très précieuse aux projets dans lesquels une touche personnelle peut être très appréciée. Même si vous n'êtes pas le relecteur le plus attentif qui soit, et s'il peut arriver que les autres vous voient comme un peu à côté de la plaque, lorsqu'un concept vous vient à l'esprit, il peut faire un effet fulgurant!.

22-33 POINTS

Votre point fort dans le monde du travail est LE RELATIONNEL. Vous avez conscience que la qualité la plus essentielle dans tout environnement professionnel est d'arriver à mettre les gens en confiance, durablement et dès le premier contact. Vous êtes attentif(ve) à la façon dont les autres vous parlent, à la façon dont ils vous serrent la main, et à bien d'autres choses encore. Cela fait de vous un(e) collaborateur(trice) précieux(se), que ce soit dans votre propre entreprise ou dans vos relations à l'extérieur de celle-ci. Il se peut que vous ne soyez pas la personne la plus consciencieuse lorsqu'il s'agit de remplir des formulaires ou de rédiger des rapports, mais vous compensez largement par vos qualités humaines et votre sens inné des affaires..

34-45 POINTS

Votre point fort dans le monde professionnel est LA LECTURE ET L'ÉCRITURE. Vous êtes rigoureux(se) et assidu(e), et vous faites un(e) salarié(e) très discipliné(e). Grâce à votre intelligence et à votre expérience, vous avez le sens du détail, et les documents écrits qui passent entre vos mains en ressortent judicieusement peaufinés. Vous donnez la priorité à l'efficacité, et les histoires de rapports d'ego vous intéressent peu. Pour vous, le travail a toujours un but bien précis, et vous avez une capacité exceptionnelle à vous organiser dans vos tâches.

Quel environnement professionnel vous convient le mieux?

1. Vous aspirez à gagner **a)** juste assez d'argent pour subvenir à vos besoins **b)** autant d'argent que possible **c)** assez d'argent pour avoir un train de vie confortable.

2. Vous préférez être payé(e) en fonction de **a)** la quantité de travail que vous effectuez **b)** la qualité du travail que vous effectuez **c)** le nombre d'heures de travail que vous effectuez.

3. Vous préférez que votre travail **a)** n'ait rien à voir avec le reste de votre vie **b)** soit la passion autour de laquelle votre vie est centrée **c)** soit plus ou moins en lien avec le reste de votre vie.

4. Travailler jusque tard le soir **a)** c'est bon signe : cela veut dire que vous réussissez ! **b)** cela empêche d'avoir une vie **c)** ça fait partie du prix à payer pour réussir.

5. Vous acceptez de travailler le week-end si **a)** ça n'arrive que très rarement **b)** vous êtes payé plus ces jours-là **c)** c'est vraiment pour une urgence

6. La meilleure façon de s'assurer la sécurité de l'emploi, c'est **a)** d'être extrêmement compétent(e) **b)** de travailler dans un domaine où il y a toujours de l'embauche **c)** d'être travailleur(euse) et de faire ce qu'on nous demande sans broncher.

7. La pause déjeuner doit être **a)** longue, et prise au moment où vous en avez le plus besoin **b)** brève, du moins quand vous en prenez une **c)** prise exactement à la même heure tous les jours.

8. Avoir beaucoup de semaines de congé, c'est **a)** une chose qui se mérite après des années de dévouement à un poste **b)** nécessaire pour votre équilibre **c)** nécessaire pour garder votre agilité d'esprit.

9. Vous préférez que vos collègues **a)** soient des alliés, mais pas des collaborateurs **b)** aient leur propre spécialisation, différente de la vôtre **c)** soient une source d'inspiration pour vous.

10. Lorsque vous commencez votre journée de travail, vous voulez **a)** savoir exactement ce que vous avez à faire avant même d'arriver sur les lieux **b)** que la journée ait quelques surprises à vous réserver **c)** être en mesure de répondre aux besoins des autres autant que nécessaire

11. Pour vous, aimer son travail, c'est **a)** très important **b)** assez important **c)** pas important

12. Avoir un métier qui permet d'améliorer la vie des autres, c'est **a)** très important **b)** assez important **c)** pas important

13. Avoir un métier qui vous fait gagner l'estime des autres, c'est **a)** très important **b)** assez important **c)** pas important

14. Avoir beaucoup de temps libre, c'est **a)** très important **b)** assez important **c)** pas important

15. Vous voulez prendre votre retraite **a)** dès que possible **b)** tard **c)** quand vous serez mort(e)

CLÉ

1. **a)** 3 **b)** 1 **c)** 2

2. **a)** 2 **b)** 1 **c)** 3

3. **a)** 3 **b)** 1 **c)** 2

4. **a)** 1 **b)** 3 **c)** 2

5. **a)** 3 **b)** 1 **c)** 2

6. **a)** 1 **b)** 2 **c)** 3

7. **a)** 1 **b)** 2 **c)** 3

8. **a)** 3 **b)** 2 **c)** 1

9. **a)** 2 **b)** 3 **c)** 1

10. **a)** 3 **b)** 1 **c)** 2

11. **a)** 1 **b)** 2 **c)** 3

12. **a)** 2 **b)** 1 **c)** 3

13. **a)** 2 **b)** 1 **c)** 3

14. **a)** 3 **b)** 1 **c)** 2

15. **a)** 3 **b)** 2 **c)** 1

Total ____

RÉSULTATS

15–24 POINTS

Ce qui vous convient le mieux est une carrière ARTISTIQUE, que ce soit en tant qu'écrivain, peintre, musicien ou photographe. Même les métiers d'artiste sont bien connus pour ne pas gagner des fortunes, si votre talent était un jour reconnu, vous pourriez finir par extrêmement bien réussir votre vie. Qui plus est, lorsqu'on est artiste, on a la possibilité de s'exprimer à travers son travail, et bien souvent aussi d'être son propre patron. La liberté, ajoutée à la possibilité de la réussite (si vous avez beaucoup de talent – et vous pensez en avoir) devraient suffire à vous faire vous orienter vers une carrière professionnelle artistique.

25–35 POINTS

Ce qui vous convient le mieux est LA PROFESSION LIBÉRALE, que ce soit en tant que médecin, professeur, architecte, ou avocat. Vous êtes intelligent(e), et vous vous souciez sincèrement des autres. Les métiers de carrière demandent une formation poussée, nécessitent parfois beaucoup de dévouement, et les journées de travail peuvent être longues, mais le sentiment d'être utile aux autres suffit à y trouver de la satisfaction. Vous aimez l'idée d'avoir votre propre cabinet, que vous pouvez agencer à votre guise afin d'y créer l'ambiance que vous souhaitez. Par ailleurs, dans ces métiers, on gagne en général assez bien sa vie, ce qui est également appréciable.

36–45 POINTS

Ce qui vous convient le mieux est UN TRAVAIL DE BUREAU, que ce soit en tant que secrétaire, technicien ou comptable. Le travail n'est pas vraiment le centre de votre vie. Sans doute accordez-vous plus d'importance à la famille, aux vacances, ou au fait d'avoir un salaire fixe. Vous n'avez jamais fait preuve d'une ambition démesurée, et vous êtes bien comme ça. Vous êtes quelqu'un de fiable, vous faites vos journées de travail comme il se doit, mais ensuite, le reste de votre temps vous appartient.

Quelle note mérite votre travail ?

1. Lorsque vous vous réveillez le matin **a)** vous redoutez de partir au travail **b)** partir au travail ne vous dérange pas **c)** vous adorez partir au travail.

2. Le lundi, c'est **a)** un jour comme les autres **b)** un crève-cœur **c)** un recommencement plutôt enthousiasmant.

3. Pour ce qui est des jours de congés, vous **a)** réfléchissez très longtemps à l'avance à la façon dont vous allez les utiliser **b)** en perdez parfois à la fin de l'année, parce que vous n'avez pas eu le temps de les utiliser **c)** commencez à penser à les utiliser lorsque vous en avez accumulé suffisamment.

4. La fin de la journée arrive en général **a)** avant que vous ayez eu le temps d'y penser **b)** après avoir regardé l'heure d'innombrables fois **c)** à peu près au bon moment pour vous.

5. Lorsque quelqu'un vous demande de faire quelque chose, vous **a)** l'avez généralement déjà fait **b)** cherchez des excuses pour ne pas le faire **c)** le faites.

6. Votre patron(ne) **a)** fait plutôt bien son travail **b)** est un vrai guignol **c)** est une source d'inspiration.

7. Après votre journée de travail, vous pratiquez d'autres activités **a)** souvent **b)** parfois **c)** rarement, voire jamais.

8. Vous vous êtes fait **a)** un(e) ami(e) parmi vos collègues **b)** beaucoup d'amis parmi vos collègues **c)** aucun ami parmi vos collègues.

9. Vous déjeunez avec vos collègues **a)** rarement, voire jamais **b)** souvent **c)** parfois.

10. Vous appréciez de collaborer étroitement avec vos collègues **a)** un peu **b)** pas du tout **c)** beaucoup.

11. Vous êtes arrivé(e) à votre poste actuel parce que **a)** c'était une belle opportunité **b)** c'est votre premier emploi **c)** vous aviez perdu votre précédent emploi.

12. Votre salaire vous semble **a)** plus élevé que celui de postes équivalents ailleurs **b)** à peu près égal à celui de postes équivalents ailleurs **c)** inférieur à celui de postes équivalents ailleurs.

13. Par rapport au personnel des autres entreprises, il semblerait que vous et vos collègues travailliez **a)** plus efficacement **b)** moins efficacement **c)** à peu près aussi bien.

14. L'avenir de l'entreprise dans laquelle vous travaillez est **a)** prometteur **b)** peu susceptible de voir beaucoup de changement **c)** sombre.

15. Vous pensez à donner votre démission **a)** tous les jours **b)** jamais **c)** seulement dans les moments extrêmes.

CLÉ

1. **a)** 1 **b)** 2 **c)** 3

2. **a)** 2 **b)** 1 **c)** 3

3. **a)** 1 **b)** 3 **c)** 2

4. **a)** 3 **b)** 1 **c)** 2

5. **a)** 3 **b)** 1 **c)** 2

6. **a)** 2 **b)** 1 **c)** 3

7. **a)** 3 **b)** 2 **c)** 1

8. **a)** 2 **b)** 3 **c)** 1

9. **a)** 1 **b)** 3 **c)** 2

10. **a)** 2 **b)** 1 **c)** 3

11. **a)** 3 **b)** 2 **c)** 1

12. **a)** 3 **b)** 2 **c)** 1

13. **a)** 3 **b)** 1 **c)** 2

14. **a)** 3 **b)** 2 **c)** 1

15. **a)** 1 **b)** 3 **c)** 2

Total ____

RÉSULTATS

15-20 POINTS

Votre travail mérite un E, comme Épouvantable! Vous êtes démotivé(e), insatisfait(e), et votre job ne vous offre aucune perspective d'avenir enthousiasmante. Vous avez souvent l'impression d'être pris(e) au piège, et vous avez le sentiment que vos supérieurs ne méritent pas la position qu'ils occupent. Si possible, vous devriez songer à faire les démarches nécessaires pour changer de job, car il semblerait bien que ce ne soit pas celui-là qui puisse vous mener où vous voulez aller.

21-26 POINTS

Votre travail mérite un D, comme Démotivant. Il n'a vraisemblablement pas grand-chose à vous apporter, même si vous avez parfois l'impression que vous auriez du mal à rassembler le courage nécessaire pour trouver autre chose. Mais tous les signes montrent que plus le temps passe, plus vous vous y sentez déprimé(e), et l'argent que vous gagnez semble être une compensation de moins en moins valable. Bougez maintenant, avant que la frustration accumulée ne soit trop forte !

27-33 POINTS

Votre travail mérite un C, comme Conventionnel. Comme beaucoup d'autres gens, vous faites vos huit heures de travail, puis rentrez chez vous. Vous n'êtes pas particulièrement stimulé(e) par ce que vous faites, mais le cadre général pourrait être pire. Si vous ne travaillez que pour pouvoir payer vos factures, vous êtes très bien là où vous êtes, mais ayez conscience que vous pourriez sans doute trouver un emploi plus palpitant.

34-39 POINTS

Votre travail mérite un B, comme Bénéfique. Que ce soit pour le salaire, la satisfaction personnelle, ou parce que le cadre est très agréable, il semble clair que votre poste actuel vous apporte beaucoup – mais pas tout cela en même temps. En d'autres termes, votre vie professionnelle actuelle a du bon et du mauvais, et sans doute le bon vous donne-t-il suffisamment de raisons de rester où vous êtes. Mais n'oubliez pas de vous demander régulièrement si vous êtes toujours satisfait(e). Si le « contre » venait à peser ne serait-ce qu'un tout petit peu plus lourd dans la balance, sans doute serait-il judicieux de réfléchir aux possibilités que vous avez.

40-45 POINTS

Votre travail mérite un A, comme ADMIRABLE ! Vous appréciez les gens que vous côtoyez, vous avez des objectifs motivants à l'horizon, et vous êtes satisfait(e) de votre rémunération. Lorsque vous vous levez le matin, vous avez hâte d'aller travailler : ayez conscience de votre chance ! Vous avez beaucoup de choses à attendre de l'avenir en restant dans l'entreprise dans laquelle vous travaillez, probablement avec des perspectives de promotion à des postes à plus grande responsabilité encore. Félicitations !

Que votre espace de travail raconte-t-il de vous?

1. Sur votre lieu de travail, vous avez **a)** quelques photos de votre famille et/ou de vos amis **b)** des photos de votre famille et/ou de vos amis par dizaines **c)** aucune photo de votre famille et/ou de vos amis.

2. En ce qui concerne les plantes vertes, vous en avez **a)** un peu **b)** quelques-unes, mais qui ne sont pas en forme **c)** aucune.

3. Les cartes postales, images ou accessoires de déco humoristiques, vous en avez **a)** aucun **b)** un mur entier – ou plus! **c)** juste quelques-uns.

4. Décorer son bureau **a)** c'est de mauvais goût **b)** ça met un peu d'ambiance **c)** c'est juste une façon de rendre les choses un peu moins ternes.

5. Vos changez vos décorations **a)** jamais **b)** quand elles sont vraiment trop vieilles et jaunies **c)** pour les vacances !

6. Votre lieu de travail est **a)** nickel et rangé au carré **b)** un peu en désordre par-ci par-là **c)** un véritable capharnaüm.

7. Lorsque vous cherchez votre matériel, vous le trouvez **a)** en moins d'une minute **b)** tout de suite **c)** après avoir pas mal fouillé.

8. Manger sur son lieu de travail **a)** ça ne vous pose aucun problème **b)** c'est dégoûtant! **c)** ça reste acceptable de temps en temps

9. Sur votre ordinateur, vos fichiers sont **a)** éparpillés anarchiquement **b)** classés de façon méthodique **c)** plus ou moins classés.

10. Vos collègues **a)** peuvent mettre autant de foutoir qu'ils le souhaitent **b)** devraient essayer de mieux ranger leurs affaires : vous êtes sans cesse confronté(e) à leur désordre **c)** devraient s'organiser un peu mieux rien que par courtoisie, si possible.

11. Vous cachez votre écran d'ordinateur **a)** scrupuleusement **b)** uniquement lorsque vous surfez sur Internet **c)** rarement, ou jamais.

12. En ce qui concerne les documents personnels sur votre ordinateur, vous **a)** n'en avez aucun **b)** en avez quelques-uns, mais ne les protégez pas **c)** les rangez dans un dossier protégé par un mot de passe.

13. Vous fermez votre porte **a)** parfois **b)** rarement **c)** souvent.

14. Vous parlez en détail de votre travail à vos collègues **a)** tout le temps **b)** rarement, voire jamais **c)** à l'occasion.

15. Vous laissez des documents importants posés sur un meuble **a)** très souvent **b)** rarement, voire jamais **c)** parfois.

CLÉ

1. **a)** 2 **b)** 3 **c)** 1

2. **a)** 3 **b)** 1 **c)** 2

3. **a)** 1 **b)** 3 **c)** 2

4. **a)** 1 **b)** 2 **c)** 3

5. **a)** 1 **b)** 2 **c)** 3

6. **a)** 3 **b)** 2 **c)** 1

7. **a)** 2 **b)** 3 **c)** 1

8. **a)** 1 **b)** 3 **c)** 2

9. **a)** 1 **b)** 3 **c)** 2

10. **a)** 1 **b)** 3 **c)** 2

11. **a)** 1 **b)** 2 **c)** 3

12. **a)** 2 **b)** 3 **c)** 1

13. **a)** 2 **b)** 3 **c)** 1

14. **a)** 3 **b)** 1 **c)** 2

15. **a)** 3 **b)** 1 **c)** 2

Total ____

RÉSULTATS

15–24 POINTS

Vous êtes quelqu'un de très SECRET. Ce qui n'est pas la même chose qu'être quelqu'un d'organisé. En réalité, l'absence de désordre chez vous sert plutôt de rempart contre les curieux qui pourraient venir mettre le nez dans votre espace, et donc dans votre vie.

25–35 POINTS

Vous êtes quelqu'un d'OUVERT. Vous aimez personnaliser un peu votre lieu de travail. Même si vous ne vivez pas vos émotions complètement à cœur ouvert, vous n'êtes pas pour autant sur la défense émotionnellement. Lorsqu'une personne s'avère un(e) ami(e) véritable, vous pouvez partager presque tout avec lui/elle.

36–45 POINTS

Vous êtes quelqu'un de très SOCIABLE. La vie des autres vous intéresse beaucoup, et vous les attirez vers votre espace en le décorant. Il se peut même que vous soyez considéré(e) comme une pipelette. Vous êtes quelqu'un d'amical et d'attentionné, mais il peut vous arriver d'aller trop loin.

Êtes-vous un(e) super-collègue ?

Imaginez que vous écrivez un e-mail important, mais délicat, à un(e) collègue qui a le même métier que vous. Parmi les choix proposés, entourez les formulations que vous utiliseriez le plus volontiers pour chaque phrase.

Merci d'avoir pris le temps d'écrire cette lettre hier. J'étais débordé(e) et n'ai pas pu m'en occuper. Je [**1. a)** vous rendrai la pareille lorsque l'occasion s'en présentera **b)** vous offrirai un verre pour vous en remercier **c)** vous en suis vraiment très reconnaissant(e)]. Malheureusement, j'ai rencontré un(e) ou deux [**2. a)** fautes **b)** problèmes **c)** soucis] dans cette lettre. Certains détails doivent être [**3. a)** revus **b)** considérés avec une plus grande attention **c)** corrigés]. Le mieux serait sans doute [**4. a)**que nous la retravaillions ensemble **b)** que vous la revoyiez, puis que vous reveniez vers moi **c)** que nous demandions son avis à un(e) collègue]. Quoi qu'il en soit, encore un grand merci, et [**5. a)** je suis désolé(e) de me montrer si négatif(ve) **b)** à très bientôt **c)** sachez encore une fois que votre effort est très apprécié].

Cordialement,

X

6. Lorsque vous écoutez de la musique ou la radio au travail, vous utilisez un casque audio **a)** toujours **b)** jamais **c)** parfois.

7. Lorsque vos collègues mangent des plats à l'odeur très prononcée à leur bureau, vous **a)** n'y prêtez pas attention **b)** êtes parfois incommodé(e) **c)** êtes souvent incommodé(e).

8. Vous vous plaignez de la température qu'il fait sur votre lieu de travail **a)** parfois **b)** rarement, voire jamais **c)** tous les jours.

9. Si vous recevez un coup de téléphone personnel au bureau, vous **a)** répondez **b)** sortez pour répondre **c)** essayez de faire bref.

10. Si vos collègues regardent des sites sans rapport avec le travail **a)** cela ne vous dérange pas **b)** cela ne vous dérange que s'ils dépassent vraiment les limites **c)** cela vous dérange beaucoup.

11. Jeter un œil au travail des autres, c'est **a)** bénéfique pour tout le monde **b)** bénéfique à la personne qui a besoin d'aide **c)** pas si productif que ça en général.

12. Si votre collègue est absent(e) pour cause de maladie, vous **a)** prenez ses tâches à votre charge **b)** le/la laissez se débrouiller avec son travail, car c'est son affaire **c)** prenez ses tâches à votre charge, mais uniquement si vous pensez que son excuse est vraie.

13. Lorsqu'on est collègues, on est **a)** en concurrence pour gravir les échelons **b)** une équipe **c)** dans le même bateau, même si on ne rame pas toujours dans le même sens.

14. Vous connaissez la charge de travail de vos collègues **a)**un peu **b)** quasiment pas **c)** très bien.

15. On conseille aux autres de venir vous consulter **a)** très rarement **b)** souvent, pour de petites choses **c)** souvent, pour des choses importantes.

CLÉ

1. **a)** 2 **b)** 1 **c)** 3

2. **a)** 3 **b)** 2 **c)** 1

3. **a)** 2 **b)** 1 **c)** 3

4. **a)** 3 **b)** 2 **c)** 1

5. **a)** 1 **b)** 2 **c)** 3

6. **a)** 2 **b)** 1 **c)** 3

7. **a)** 3 **b)** 2 **c)** 1

8. **a)** 2 **b)** 1 **c)** 3

9. **a)** 1 **b)** 3 **c)** 2

10. **a)** 2 **b)** 3 **c)** 1

11. **a)** 3 **b)** 2 **c)** 1

12. **a)** 3 **b)** 1 **c)** 2

13. **a)** 1 **b)** 2 **c)** 3

14. **a)** 3 **b)** 1 **c)** 2

15. **a)** 1 **b)** 2 **c)** 3

Total ____

RÉSULTATS

15-22 POINTS

Vous êtes un(e) collègue APATHIQUE. Pour dire les choses clairement, vous êtes une sorte de boulet à votre bureau. Ce qui ne veut pas dire que vous soyez quelqu'un de mauvais : à vrai dire, cela pourrait simplement indiquer que ce poste ne vous convient pas.

Vous évitez les responsabilités et l'effort lorsque possible, ce qui veut dire que vos collègues doivent redoubler d'efforts pour compenser, or ce n'est pas comme ça que les choses sont censées se passer.

23-29 POINTS

Vous êtes un(e) collègue MÉDIOCRE. Vous rendez quelques services ça et là, mais dans l'ensemble, vous faites les choses pour vous-même au bureau. Peut-être vos collègues vous apprécient-ils beaucoup personnellement, mais en tant que collègue, vous êtes tout juste passable. Vous n'y mettez pas beaucoup du vôtre pour vous rendre utile, et vous ne vous foulez pas pour rendre votre lieu de travail convivial pour ceux qui vous entourent. Vous ne ménagez pas plus que ça les autres et vous souciez peu de ce qu'ils ressentent, et pas forcément par souci de franchise.

30-37 POINTS

Vous êtes un(e) collègue APPRÉCIABLE. Lorsqu'ils ont besoin d'être conseillés ou guidés, les autres se tournent vers vous, et ils apprécient ce que vous avez à leur apporter. Même si vous n'êtes pas un collaborateur modèle absolu, vous faites preuve de beaucoup de bonne volonté pour échanger, rendre service et faire bénéficier les autres de votre expérience lorsque nécessaire. Les autres apprécient de travailler avec vous : vous dégagez de bonnes ondes !

38-45 POINTS

Vous êtes un(e) SUPER collègue ! Félicitations ! Vous êtes enthousiaste, efficace et sympathique : le genre de collègue vers qui tout le monde gravite. Vous faites presque toujours passer les autres avant vous, et vous avez l'art et la manière de leur faire donner le meilleur d'eux-mêmes. Vous êtes admiré(e) de vos collaborateurs, de vos supérieurs, et de ceux qui sont placés plus bas que vous dans la hiérarchie : une prouesse rare ! Tout le monde reconnaît votre talent, et est séduit par votre état d'esprit positif et constructif.

Passez-vous trop de temps au travail ?

1. Entourez toutes les réponses qui s'appliquent à vous. Vous êtes au travail **a)** quand il n'y a personne d'autre au bureau, pendant au moins cinq heures par semaine **b)** après 22 heures au moins deux soirs par semaine **c)** au moment de prendre un repas, cinq fois par semaine ou plus **d)** alors que vous devriez être en congés, quatre fois par an ou plus **e)** alors que vous ne vous sentez pas assez bien pour travailler, trois fois par an ou plus.

2. Vous regardez des films **a)** au moins une fois par mois. **b)** au moins une fois par semaine **c)** moins d'une fois par mois.

3. Vous préparez un dîner cuisiné **a)** environ une fois par semaine **b)** moins d'une fois par semaine **c)** plus d'une fois par semaine.

4. Vous prenez votre petit déjeuner assis à table **a)** tous les jours **b)** quelques jours par semaine **c)** moins de quelques jours par semaine.

5. Vous rendez visite à des amis résidant dans une autre ville que la vôtre **a)** de temps en temps **b)** tout le temps **c)** presque jamais.

6. Pendant une soirée, parler travail, c'est **a)** tout à fait acceptable, en tous cas lorsqu'on parle de tout et de rien **b)** une solution de facilité **c)** un choix de conversation désastreux.

7. Vous dormez environ **a)** sept à neuf heures par nuit **b)** six heures par nuit **c)** moins de six heures par nuit.

8. Lorsque vous n'êtes pas au bureau, vous avez l'habitude de vérifier vos e-mails professionnels **a)** avant de partir travailler **b)** une fois rentré(e) chez vous le soir **c)** rarement, voire jamais.

9. Emmener du travail avec vous en vacances **a)** cela peut être une façon étonnamment agréable et relaxante de vous tenir au courant **b)** rien que d'y penser vous fait déprimer **c)** ça peut se justifier, tant que ce n'est pas trop envahissant.

10. Dans votre groupe d'amis, on parle travail **a)** rarement, voire jamais **b)** parfois **c)** souvent.

11. Vous rêvez de/avez du mal à dormir la nuit parce que vous pensez à vos obligations professionnelles **a)** de temps en temps **b)** souvent **c)** rarement, voire jamais.

CLÉ

1. Comptez 3 points par réponse entourée.

2. **a)** 2 **b)** 1 **c)** 3

3. **a)** 2 **b)** 3 **c)** 1

4. **a)** 1 **b)** 2 **c)** 3

5. **a)** 2 **b)** 1 **c)** 3

6. **a)** 2 **b)** 3 **c)** 1

7. **a)** 1 **b)** 2 **c)** 3

8. **a)** 2 **b)** 3 **c)** 1

9. **a)** 1 **b)** 3 **c)** 2

10. **a)** 3 **b)** 2 **c)** 1

11. **a)** 2 **b)** 3 **c)** 1

Total ____

RÉSULTATS

10-22 POINTS

Vous êtes un(e) TOURISTE. Vous avez tellement hâte de rentrer chez vous qu'il peut vous arriver de négliger les plus élémentaires de vos responsabilités au bureau. Si les gens remarquent que vous n'êtes jamais là, il se peut qu'ils se posent des questions sur votre implication. Il serait parfois bon de penser à votre travail en dehors des horaires du bureau, ne serait-ce qu'un tout petit peu. Et prenez garde à ce que votre boîte de réception n'arrive pas à saturation pendant que vous êtes ailleurs, en train de vous distraire.

23-30 POINTS

Vous êtes un(e) employé(e) FIABLE. Vous savez séparer vie professionnelle et vie personnelle, et vous y arrivez à la perfection ! Non seulement vous quittez votre bureau à l'heure, mais vous n'y pensez plus du tout dès la porte franchie. Dans les moments de détente, vous êtes psychologiquement détaché(e) de toute pensée en rapport avec le travail. Vous avez conscience que vous avez des obligations non seulement vis-à-vis de votre boss, mais aussi de vos amis et de votre famille – sans oublier de vous-même.

30-37 POINTS

Vous êtes un(e) travailleur(euse) EXCESSIF(VE). Même si vous savez que ce n'est pas bon pour vous de vous laisser consumer par le travail, il vous arrive de rester au bureau un peu plus tard que vous ne le devriez. C'est plus fort que vous. De temps en temps, il vous arrive même d'arriver en retard à un rendez-vous ou à une activité personnelle parce que vous deviez finir un projet ou une conversation au bureau. Vous pensez à votre travail – voire, vous travaillez – sur le chemin du bureau ou chez vous, en vous disant parfois que vous préféreriez faire autrement.

38-45 POINTS

Vous êtes ACCRO au travail. Non seulement vous êtes physiquement au bureau trop longtemps par jour, mais votre esprit y reste tout le temps ! Votre vie professionnelle ne vous apporte pas qu'un revenu : elle vous permet aussi d'avoir votre dose de frisson. Vous pensez constamment à vos projets, à vos collègues, à votre agenda, et bien plus encore. Il est fort probable que vous soyez équipé d'un ordinateur ou d'un téléphone portable qui vous permet de rester opérationnel(le) où que vous alliez. Tout cela s'accumule, et quand vous finissez par avoir besoin de faire un break, c'est devenu vital ! Prenez garde à cette façon de vivre : ce n'est pas bon pour vous.

Si vous viviez pendant la Renaissance, quel serait votre métier idéal ?

Pendant votre temps libre, vous préférez :

1. **a)** regarder la télévision **b)** faire une promenade.

2. **a)** visiter un musée **b)** faire des menus travaux dans la maison.

3. **a)** faire du sport **b)** aller à la plage.

4. **a)** faire la cuisine **b)** aller au restaurant.

5. **a)** lire le journal **b)** écouter de la musique.

6. Lorsque vous avez affaire à une machine, vous **a)** vous demandez souvent comment elle marche **b)** vous demandez parfois comment elle marche **c)** vous fichez totalement de savoir comment elle marche, du moment qu'elle marche !

7. Lorsqu'un objet qui vous appartient se casse, vous **a)** essayez de le réparer, si vous savez comment faire **b)** le jetez **c)** essayez toujours de le réparer.

8. La science **a)** répond très bien à certaines questions **b)** a la possibilité de nous apprendre un tas de choses passionnantes sur l'univers **c)** c'est plutôt ennuyeux.

9. Si on vous propose d'essayer une activité que vous n'avez jamais pratiquée auparavant, vous **a)** sautez sur l'occasion **b)** acceptez, si cela vous tente suffisamment **c)** préférez rester chez vous.

10. Ce que vous préférez lire en général est **a)** informatif **b)** beau **c)** vous ne lisez pas beaucoup.

11. Les biens les plus appréciables que l'on possède sont ceux **a)** que l'on expose au regard des autres **b)** que l'on peut avoir le plaisir d'utiliser tous les jours **c)** qui nous simplifient la vie.

12. Votre maison est décorée avec **a)** des choses que vous avez faites vous-même **b)** des choses que vous avez assemblées au fil du temps **c)** des objets pratiques plutôt que beaux

13. Lorsque quelque chose se démode, vous **a)** n'y prêtez généralement pas attention **b)** vous en débarrassez le plus vite possible **c)** essayez de le garder encore un peu, pour le rentabiliser

14. Lorsque vous offrez un cadeau, vous voulez idéalement qu'il **a)** vienne du cœur **b)** soit rapporté d'un endroit exotique **c)** soit utile à celui qui le reçoit

15. Les objets que vous possédez vous donnent le sentiment d'être **a)** accompli(e) **b)** supérieur(e) **c)** inspiré(e)

CLÉ

1. **a)** 5 **b)** 2

2. **a)** 4 **b)** 2

3. **a)** 3 **b)** 4

4. **a)** 1 **b)** 3

5. **a)** 2 **a)** 4

6. **a)** 1 **b)** 2 **c)** 3

7. **a)** 2 **b)** 3 **c)** 1

8. **a)** 2 **b)** 1 **c)** 3

9. **a)** 1 **b)** 3 **c)** 2

10. **a)** 1 **b)** 2 **c)** 3

11. **a)** 3 **b)** 1 **c)** 2

12. **a)** 1 **b)** 3 **c)** 2

13. **a)** 1 **b)** 3 **c)** 2

14. **a)** 2 **b)** 3 **c)** 1

15. **a)** 1 **b)** 3 **c)** 2

Total ____

RÉSULTATS

20-27 POINTS

Le métier de la Renaissance qui vous correspond le mieux est ALCHIMISTE. Vous avez une curiosité innée des choses, et le désir de les manipuler. Vous êtes assoiffé(e) de nouvelles découvertes et de nouvelles technologies, et vous aimez en comprendre le fonctionnement. Enfin, vous croyez fermement qu'il y a toujours plus à apprendre lorsqu'on garde les yeux et les oreilles grand ouverts.

28-35 POINTS

Le métier de la Renaissance qui vous correspond le mieux est CHARPENTIER. Comme l'alchimiste, vous aimez vous mettre les mains dans le cambouis de temps à autre. Mais vous préférez créer de belles choses plutôt que simplement faire des découvertes. Vous avez un grand sens de l'esthétisme et appréciez la satisfaction d'avoir construit quelque chose, surtout lorsque cela peut être utile aux autres. Il vous arrive de rêvasser, mais vous avez la conviction qu'il y a une bonne et une mauvaise façon de faire pour toute chose.

36-43 POINTS

Le métier de la Renaissance qui vous correspond le mieux est PEINTRE. Vous croyez en le concept de beauté, et en l'idée que pour la faire émerger, il faut travailler dur et exprimer ce qu'on ressent. L'être humain et la nature sont des choses fascinantes, et le plus grand hommage que vous puissiez leur rendre est de savoir les représenter artistiquement. Vous ne voyez pas l'art comme subversif, mais comme inspirant et universel.

44-50 POINTS

Le « métier » de la Renaissance qui vous correspond le mieux est MONARQUE. Vous avez des goûts de luxe et n'aimez pas vraiment utiliser vos mains. Vous avez beaucoup d'assurance et d'estime propre, ce qui vous prédispose sans doute mieux à gouverner les autres qu'à faire vous-même des travaux manuels. Vous aimez collectionner les choses, et avez beaucoup besoin d'être flatté(e). Un rôle de roi ou de reine conviendrait parfaitement à votre personnalité.

Que disent de vous vos aspirations pour la retraite ?

1. Vous avez commencé (ou commencerez) à mettre de l'argent de côté pour votre retraite **a)** dès que vous avez (allez) commencé à travailler à plein temps **b)** au bout de quelques années de vie professionnelle **c)** beaucoup trop tard !

2. Votre stratégie d'épargne pour vos vieux jours est **a)** plutôt standard **b)** quasi inexistante **c)** soigneusement étudiée.

3. Lorsque vous arrêterez de travailler, vous imaginez **a)** aller vous installer dans une région ensoleillée **b)** rester là où vous êtes **c)** vous verrez bien le moment venu.

4. Une fois à la retraite, lorsque vous aurez plus de temps libre, vous **a)** espérez passer plus de temps avec votre famille **b)** espérez passer plus de temps à faire ce que vous aimez **c)** risquez d'angoisser sans le travail pour vous occuper.

5. Lorsque vous serez à la retraite, vous vous attendez à ce que votre temps soit **a)** entièrement libre **b)** très bien structuré **c)** un peu structuré, mais pas trop.

6. Parmi les choses suivantes, quelles sont celles qui devraient vous attirer lorsque vous serez retraité(e)? (Cochez toutes les réponses qui vous correspondent.) **a)** Acheter un bateau **b)** Écrire vos mémoires **c)** Faire la grasse matinée **d)** Créer une fondation **e)** Prendre des bains de soleil.

7. Vous envisagez d'arrêter de travailler plus près de l'âge de **a)** soixante-cinq ans **b)** cinquante-cinq ans **c)** soixante-quinze ans.

8. Votre emploi actuel vous donne **a)** aucun avantage retraite **b)** de grands avantages retraite **c)** des avantages retraites corrects.

9. Lors de votre tout dernier jour de travail, vous voulez **a)** partir discrètement, sans discours ni festivités **b)** faire un pot de départ qui soit une vraie fête, avec tous vos collègues **c)** fêter ça avec vos amis, quelques jours plus tard.

10. Si votre entreprise vous demandait de prendre votre retraite demain, vous **a)** accepteriez avec plaisir **b)** essayeriez de rester en poste le plus longtemps possible **c)** essayeriez de négocier des avantages de départ intéressants.

11. La probabilité que vous vous remettiez à travailler, d'une manière ou d'une autre, après avoir pris votre retraite, est de **a)** 50% **b)** 0 à 10 % **c)** 80 à 100 %.

CLÉ

1. **a)** 3 **b)** 2 **c)** 1

2. **a)** 2 **b)** 1 **c)** 3

3. **a)** 1 **b)** 3 **c)** 2

4. **a)** 2 **b)** 1 **c)** 3

5. **a)** 1 **b)** 3 **c)** 2

6. **a)** 1 **b)** 3 **c)** 1 **d)** 3 **e)** 1

7. **a)** 2 **b)** 1 **c)** 3

8. **a)** 1 **b)** 3 **c)** 2

9. **a)** 3 **b)** 2 **c)** 1

10. **a)** 1 **b)** 3 **c)** 2

11. **a)** 2 **b)** 1 **c)** 3

Total ____

RÉSULTATS

10-18 POINTS

Vous êtes un vrai ÉPICURIEN. La retraite semble avoir été inventée pour vous tant vous êtes doué(e) pour le bonheur! Quand on fait ce qu'on aime, le temps n'est jamais trop long. Vous aimez vous imaginer avec toute la liberté que vous voulez, dans de grands espaces. Votre approche de la retraite laisse penser que votre état naturel s'y trouvera complètement épanoui : lorsqu'il s'agit de prendre du bon temps, vous êtes parfaitement dans votre élément.

19–25 POINTS

Vous êtes quelqu'un de FLEXIBLE. Votre vision de la retraite suggère que vous savez vous adapter à divers modes de vie. Vous pouvez trouver de la satisfaction dans tout ce que vous faites, que ce soit dans le travail intense ou dans le repos sans durée limitée. D'une façon ou d'une autre, vous y trouverez votre compte lorsque vous serez à la retraite. Vous vous sentez rarement frustré ou pris au piège, car vous savez que vous pouvez toujours adapter votre état d'esprit.

26-32 POINTS

Vous êtes quelqu'un de CARTÉSIEN. Beaucoup de gens attendent la retraite toute leur vie, mais vous, cela vous angoisse un peu. Vous avez bien du mal à imaginer vos journées sans le travail pour les structurer. Vous vous sentiriez inutile si vous n'aviez pas des choses à accomplir tout le temps, et sans la reconnaissance que cela vous attire. Vous avez construit toute votre carrière à trouver de nouvelles idées et à dépasser vos propres limites, et vous auriez du mal à renoncer à tout cela.

33-39 POINTS

LA RETRAITE ? QU'EST-CE QUE C'EST QUE ÇA ? Vous vous êtes toujours dit qu'à la fin de votre carrière, vous vous lanceriez dans un nouveau projet, que ce soit en débutant une seconde carrière, en créant une entreprise, ou en vous lançant dans un autre type de grande aventure... Aller passer vos journées à rôtir au soleil sur la Côte d'Azur - même s'il n'y a aucun mal à ça - ne vous est jamais venu à l'idée. Tant que vous avez la santé, vous avez bien l'intention de continuer à vous démener dans le travail. En plus, vous avez un tas de projets professionnels en réserve dans un coin de votre tête, que vous avez bien hâte d'essayer de concrétiser.

Quelles sont vos perspectives d'évolution dans votre travail actuel ?

1. Lorsque vous assistez à un événement sportif et que votre équipe favorite perd, vous **a)** partez très tôt **b)** restez un peu à la fin, mais partez assez tôt pour ne pas vous retrouver dans la foule **c)** restez jusqu'à la fin.

2. Votre but principal dans la vie, c'est de **a)** faire vivre votre famille **b)** trouver le bonheur **c)** changer le monde.

3. Pour être un vrai leader, il faut **a)** la force de caractère nécessaire pour faire obéir les autres **b)** avoir une vision lucide des choses **c)** du charisme.

4. L'idéalisme politique, c'est **a)** noble, mais pas toujours possible à mettre en pratique **b)** idiot **c)** toujours noble.

5. Escalader une montagne, c'est **a)** téméraire **b)** une idée curieuse **c)** quelque chose que vous avez toujours fait.

6. Vous exercez votre métier actuel depuis **a)** plus de dix ans **b)** entre cinq et dix ans **c)** moins de cinq ans.

7. Vous occupez votre poste actuel depuis **a)** moins de deux ans **b)** entre deux et cinq ans **c)** plus de cinq ans.

8. Vous avez postulé à votre poste actuel car **a)** il vous semblait idéal pour vous **b)** vous aviez besoin d'un salaire **c)** il vous semblait qu'il pouvait vous mener quelque part un jour.

9. Lorsque vous parlez de l'entreprise dans laquelle vous travaillez, vous utilisez le pronom **a)** «nous» **b)** «ils».

10. Dans vos moments de rêverie, vous vous imaginez démissionner **a)** parfois **b)** souvent **c)** rarement, voire jamais.

11. Le talent est une chose qui **a)** vient naturellement **b)** demande beaucoup de travail **c)** est plus présente chez certaines personnes que chez d'autres.

12. Là où vous travaillez, les gens les plus talentueux **a)** sont vos amis les plus proches **b)** sont un peu égocentriques **c)** ont les meilleurs postes : il n'y a pas de mystère!

13. Le talent, ça tient à **a)** l'efficacité **b)** l'esprit novateur **c)** les relations.

14. Avoir des gens talentueux autour de vous vous donne le sentiment d'être **a)** compétitif(ve) **b)** inférieur(e) **c)** motivé(e).

15. Votre entreprise marcherait mieux si elle essayait de recruter les gens qui **a)** ont le plus d'ambition **b)** ont le plus de chances de rester **c)** ont le plus d'expérience.

CLÉ

1. **a)** 3 **b)** 2 **c)** 1

2. **a)** 2 **b)** 3 **c)** 1

3. **a)** 3 **b)** 2 **c)** 1

4. **a)** 2 **b)** 3 **c)** 1

5. **a)** 3 **b)** 2 **c)** 1

6. **a)** 1 **b)** 2 **c)** 3

7. **a)** 1 **b)** 2 **c)** 3

8. **a)** 2 **b)** 3 **c)** 1

9. **a)** 1 **b)** 2 **c)** 3

10. **a)** 2 **b)** 3 **c)** 1

11. **a)** 3 **b)** 1 **c)** 2

12. **a)** 1 **b)** 3 **c)** 2

13. **a)** 3 **b)** 1 **c)** 2

14. **a)** 2 **b)** 3 **c)** 1

15. **a)** 1 **b)** 3 **c)** 2

Total ____

RÉSULTATS

15–22 POINTS

Vous allez ATTEINDRE DES SOMMETS. Vous avez le désir, la capacité et la chance nécessaires pour finir aux commandes de votre entreprise un jour ou l'autre, et ce jour n'est peut-être pas si lointain. Vos ambitions s'inscrivent bien dans votre entreprise, et vous êtes prêt(e) à faire toutes sortes de sacrifices pour gravir les échelons. Si les choses continuent ainsi, il y a fort à parier qu'une promotion vous attend dans un futur proche. Votre enthousiasme se traduit par une courtoisie et une implication que tout le monde apprécie.

23-30 POINTS

Vous allez ÉVOLUER LENTEMENT MAIS SÛREMENT. Même si n'avez tout de même pas le profil à devenir le(la) plus jeune PDG de toute l'histoire de votre entreprise, votre implication forte et votre éthique de travail laissent penser que vous ne devriez pas stagner trop longtemps au même poste. Par ailleurs, vous semblez assez satisfait(e) de votre travail, ce qui signifie que vous aurez probablement envie de rester dans la même entreprise quelques années encore. De nombreuses opportunités vous attendent, mais soyez patient(e).

31-38 POINTS

Vous allez RESTER AU MÊME NIVEAU. Si vous gardez le même employeur pendant un certain temps (ce qui est très probable), ce sera exactement au même poste que celui que vous occupez aujourd'hui. Il ne semble pas que la direction se prépare à vous compter parmi les siens, et il n'y a pas a priori de poste vers lequel vous pourriez évoluer en toute logique. Mais en même temps, vous n'êtes pas insatisfait(e) au point de démissionner dans un futur proche. Attendez-vous à quelques années de status quo avant tout changement significatif de votre position dans la hiérarchie.

39-45 POINTS

Vous allez SAUTER PAR-DESSUS BORD. Votre travaïl actuel ne vous convient pas, et il y a peu de chances que teniez bon assez longtemps pour avoir une promotion. Pour évoluer, il faut s'impliquer fortement dans ce que l'on fait, et il est très difficile de s'impliquer lorsqu'on n'est pas dans le bon environnement. Il se peut très bien que vous progressiez rapidement dans une autre entreprise, ou même dans un autre domaine, mais il y a peu de chances que cela arrive là où vous êtes en ce moment.

Que révèle votre façon de vous habiller au travail ?

1. En décembre, vous vous habillez chic pour aller travailler **a)** les jours qui précèdent Noël et le jour de l'an **b)** pendant tout le mois **c)** pas du tout.

2. Pour Mardi-Gras, vous **a)** allez travailler déguisé(e) tous les ans **b)** n'allez jamais travailler déguisé(e) **c)** allez travailler déguisé(e) si c'est compatible avec vos responsabilités.

3. Si certaines les fêtes étaient associées à une couleur (comme la Saint-Valentin ou Noël), vous **a)** éviteriez soigneusement de porter ces couleurs **b)** vous habilleriez de la tête aux pieds de la couleur en question **c)** porteriez simplement cette couleur par petites touches.

4. Le jour de votre anniversaire, vous **a)** soignez un peu votre tenue **b)** soignez beaucoup votre tenue **c)** vous habillez normalement.

5. Les jours où il se passe quelque chose d'important pour vous (un entretien, une réunion), vous **a)** essayez d'être juste un peu plus chic que d'habitude **b)** essayez d'être extrêmement classe **c)** essayez de vous habiller de façon appropriée.

6. Parmi vos collègues, vous êtes **a)** l'un(e) des mieux habillés(es) **b)** habillé(e) comme il faut – franchement, vous ne faites pas attention à ce genre de chose **c)** ni le/la mieux, ni le/la moins bien habillé(e).

7. Les codes vestimentaires dans le monde du travail **a)** vous donnent quelques repères bienvenus qui vous aident à savoir quoi mettre **b)** vous semblent très contraignants **c)** vous concernent peu : en général, vous vous habillez si soigneusement que vous n'avez pas besoin d'en tenir compte.

8. En ce qui concerne la façon dont s'habillent vos collègues, vous y prêtez **a)** extrêmement attention **b)** absolument aucune attention **c)** un peu attention.

9. Bien s'habiller **a)** peut vous aider à gravir les échelons **b)** c'est bon pour le moral **c)** c'est un vrai casse-tête, mais c'est souvent nécessaire.

10. Bien s'habiller **a)** vous donne le sentiment de faire partie d'une équipe professionnelle **b)** vous donne le sentiment d'être un pantin **c)** peut être une façon de s'exprimer.

11. Le costume et le tailleur, c'est **a)** sexy **b)** trop sérieux **c)** un uniforme facile à vivre.

12. Les gens qui portent des vêtements au logo de l'entreprise pour laquelle ils travaillent **a)** vous agacent **b)** ne vous dérangent pas **c)** sont enthousiastes dans leur travail.

13. Si l'un de vos vêtements est un tout petit peu taché, vous devez **a)** ne pas le mettre du tout **b)** ne le mettre que les jours les moins importants **c)** le mettre et ne pas trop vous en préoccuper.

14. S'habiller décontracté le vendredi (le «friday wear») **a)** vous accueillez ça avec soulagement **b)** ça vous agace : nous n'avez pas envie de voir vos collègues tout déguenillés **c)** ça vous met de bonne humeur.

15. Porter un chapeau pour aller travailler **a)** c'est toujours déplacé **b)** ça peut passer dans certaines circonstances **c)** c'est savoir sortir du lot et avoir un look bien à soi.

CLÉ

1. **a)** 2 **b)** 1 **c)** 3	**6.** **a)** 1 **b)** 2 **c)** 3	**11.** **a)** 1 **b)** 2 **c)** 3
2. **a)** 1 **b)** 3 **c)** 2	**7.** **a)** 3 **b)** 2 **c)** 1	**12.** **a)** 3 **b)** 2 **c)** 1
3. **a)** 2 **b)** 1 **c)** 3	**8.** **a)** 3 **b)** 2 **c)** 1	**13.** **a)** 3 **b)** 1 **c)** 2
4. **a)** 2 **b)** 1 **c)** 3	**9.** **a)** 1 **b)** 2 **c)** 3	**14.** **a)** 2 **b)** 3 **c)** 1
5. **a)** 1 **b)** 2 **c)** 3	**10.** **a)** 3 **b)** 2 **c)** 1	**15.** **a)** 3 **b)** 1 **c)** 2

Total ____

RÉSULTATS

15–25 POINTS

Vous VOUS HABILLEZ SELON VOTRE HUMEUR. Vous avez du mal à ne pas avoir un rapport émotionnel avec le style vestimentaire au travail, tout simplement parce que vous avez du mal à ne pas avoir un rapport émotionnel avec les choses en général. Lorsque vous ressentez quelque chose, il vous est impossible de le dissimuler, donc vous donnez libre cours à votre ressenti sur le moment. Votre spontanéité est à vrai dire plutôt saine, même si cela peut parfois laisser aux autres l'impression que vous êtes trop centré(e) sur vous-même, ou que vous attirez trop l'attention sur votre vécu. Mais vous restez convaincu(e) que cela vaut beaucoup mieux que de se censurer.

26–34 POINTS

Vous êtes un(e) INDIVIDUALISTE. Vous prêtez une grande attention au style vestimentaire dans le monde professionnel, mais pas parce que vous essayez d'impressionner qui que ce soit. Pour vous, chacun doit élaborer son style de façon individuelle, et pour cela, il faut savoir se passer de l'approbation des autres. Bon nombre des amis que vous vous faites sont des gens que vous avez rencontrés en cherchant des personnes capables de vous impressionner par leur personnalité. Dans ce monde trop prévisible, c'est un objectif très honorable que de vouloir sortir un peu du moule de temps à autre.

35–45 POINTS

Vous préférez VOUS FONDRE DANS LA MASSE. Vous êtes plus à l'aise dans un environnement où beaucoup des choix non rationnels sont faits pour vous à l'avance, donc vous aimez les codes vestimentaires. Les apparences extérieures ne vous intéressent tout simplement pas beaucoup, et vous voyez plus de mal que de bien à essayer de réussir en s'habillant mieux que les autres. Dans tous les aspects de la vie, vous préférez éviter de faire des vagues. Vous essayez d'adopter une attitude neutre afin de n'offenser personne. C'est de loin le meilleur moyen d'éviter de se laisser embarrasser par des petits problèmes mesquins.